月2回しか
つくりません
ストレスゼロの
シンプルレシピ

nao

「なるべく時間をかけずにお料理をしたい」

夫と暮らしはじめた頃、仕事も家のことも自分で完璧にこなしたいという想いが強かった私は、日々家事や仕事に追われて疲弊していました。

残業終わりに閉店間際のスーパーで焦って買い出しをし、帰宅したらお弁当箱や溜まったコップの洗い物。

それから夕食作りをしてまた洗い物。翌日のお弁当の準備をして、残りの家事を済ませてベッドに入るのはいつも日付が変わってから。

「何のためにこんな毎日を繰り返しているのだろう……」

大好きな人との暮らしのはずが、いつしか負担に感じるようになってしまったのです。

そんなある日、唐揚げが食べたいという夫のために鶏肉を2日分買って、半分を唐揚げ用に下味をつけておいたことがありました。これが私には大ヒット！

仕事帰りの焦った買い出しがなくなり、献立も決まっているから余裕が生まれました。

何より、片栗粉をまぶして揚げるだけだから洗い物が少なく後片付けもラクに。余った唐揚げは翌日のお弁当にも回せます。

ラクして時短、美味しいが全部叶えられる。「私に必要なのはこれだ！」と確信しました。

それからはまとめて買い出し、仕込み〜冷凍ストックがルーティンに。

味付けの濃さや解凍調理の方法も掴めるようになってきた頃、今度は毎週末の作り置きに時間がとられることを変えたいと思うようになりました。

それから「時間を有効に使いたい。それなら2週間分一気に仕込んじゃえ！」という発想に至り、今があります。

誰かの選択肢の一つになれますように。そんな思いで続けてきた冷凍ストック術。

負担が増えてしまっては本末転倒なので、はじめは月2回にこだわらず、できるだけ肩の力を抜いてこの本を使っていただけたら嬉しいです。

皆様のライフスタイルや心がちょっぴり軽くなるきっかけになれたら、私にとってこのうえない幸せです。

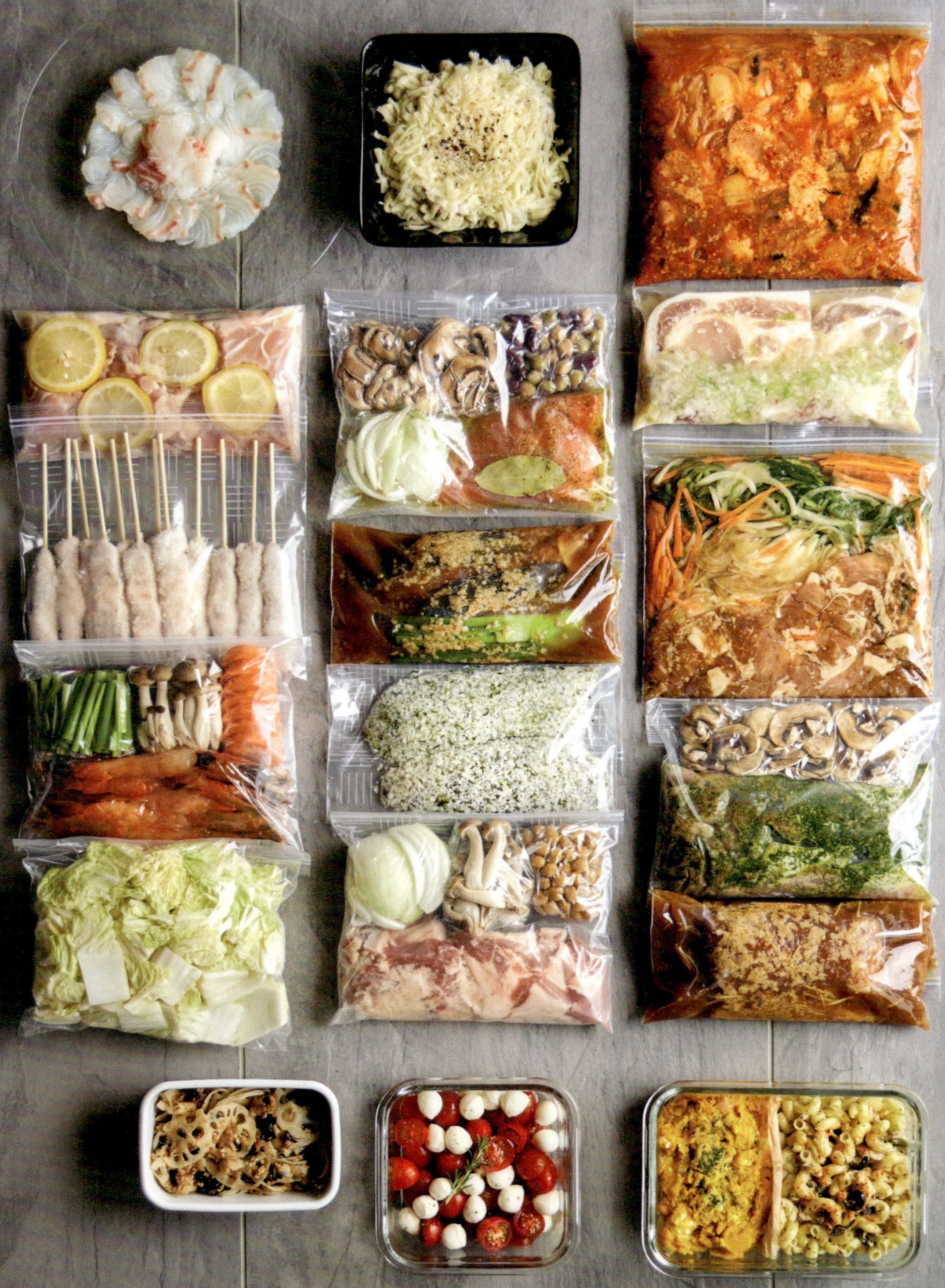

>> 冷凍ストックがあれば 晩ごはんを作るのは 月2回だけでよくなります！

仕事や子育て、家事とたくさんやることがあるなかで、毎日「晩ごはん何作ろう」と考えてイチから作るのは大変。買い出しから仕込み、片付けまで全てその日にやっていたら、あっという間に一日が終わってしまいます。

だから、私は時間がある休日に2週間分まとめて買い出しと仕込みを済ませ、冷凍ストック。こうすることで、毎日献立に悩まされることなく、慌ただしい日々に少し余裕が生まれます。

冷凍ストックは、究極の家事貯金。自分や家族を大切にするためのライフハックなんです。

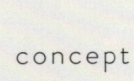

concept

≫ 本の通りにマネすれば、考えなくても

0

献立を決める

1

買い出しする

2週間分一気に献立を決める。
この日だけちょっと頑張れば、
毎日献立を考えなくてよくなります

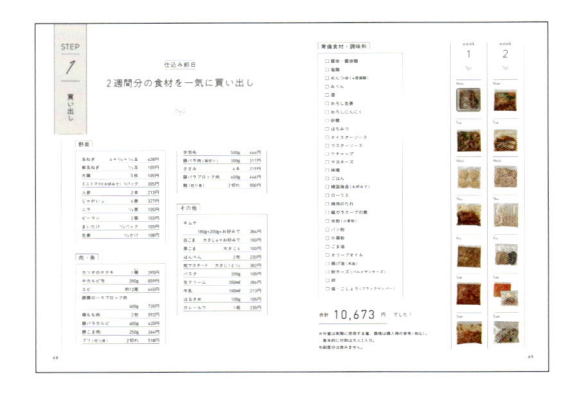

買い出しが一気にできるから、
スーパーへ行く回数が減り
余計な買い物も防げます

晩ごはんが決まります！

STEP 2
仕込む

調理直前まで仕込んでおく。
お肉がやわらかくなる、
味が染み込むなどのメリットも

STEP 3
調理する

仕込みが終わっているから、
あとは火を通して仕上げるだけ。
片付けも最小限！

「時間がなくて疲れているけれど、晩ごはんは作らなくちゃ」。
そんなストレスをふわっと軽くしてくれる冷凍ストック。無理なく少しずつ、食材をストックしてみると毎日の献立作りも手間のかかる準備も、面倒な買い出しからも解放されます。
この本は、頑張りすぎているあなたの味方。何も考えずに、見てマネするだけで2週間分の晩ごはんがストックできるよう、献立から必要な食材、仕込み、調理方法まで一連の流れをご紹介しています。
レシピは、家族や知人から美味しいと評判のものを集めました。お好みでメニューを入れ替えたりしながら、晩ごはん作りを楽しんでみてください。

月2回の買い出しから
晩ごはん作りまでの
スケジュール

STEP 1 買い出し

お肉とお魚をなるべく両方食べられるように、スーパーで予算と相談しながら14日分を意識して買い出しします。買い出しをしながら、ざっくり献立を考えておき帰ったらゆっくり、しっかり献立を組み立てなおすのが一連の流れ。

STEP 2 仕込み

当日は朝から一気に仕込み。同じ工程があるメニューはなるべくまとめて仕込めるよう、頭の中で順序を組み立てておきます。慣れないうちは、保存袋にメニューと材料や調味料を油性ペンでメモしておけば、あとはどんどん入れていくだけなので迷わずスムーズに進められると思います。

STEP 3 調理　**STEP 3 調理**

冷凍すると食材が美味しくなくなると思われがちですが、下味をつけて冷凍ストックしておくだけで味が染みたり、やわらかくなったりするので安いお肉でもグレードアップ。うまく解凍して、最後の仕上げでさっと手を加えれば手間をかけて作ったようなお料理に変身させることができるのも、冷凍ストックのメリットです。

Nov /11

Mon.	Tue.	Wed.	Thu.	Fri.	Sat.	Sun.	
					1 買い出し	2 仕込み	**week 1**
調理							
3	4	5	6	7	8	9	
10	11	12	13	14	15 買い出し	16 仕込み	**week 2**
調理							
17	18	19	20	21	22	23	
24	25	26	27	28	29	30	

メインはSTEP2で仕込んだ冷凍ストック
を解凍または冷凍のまま調理するだけ！

STEP 1 買い出し

2週間分の食材を一気に買う

買い物リストを公開します

調味料は
事前に確認を!

まとめて買い出しをすると、大容量パックでお値打ちに購入できたり、ポイントがつく日にお得に買い物ができます。また、スーパーへ行く回数を劇的に減らせることと、

それによって無駄な買い物も減らせることもメリット。使い勝手のいい食材や余ったら冷凍できるものを中心に買い、買ったものは使い切ることで節約にも繋がります。

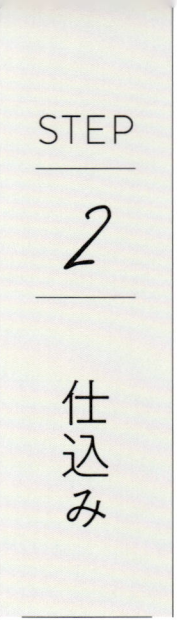

STEP 2 仕込み

無心で野菜を切りまくり、肉・魚の下処理&味付けをして冷凍

切り方一覧を公開します！

野菜の切り方がひと目でわかるから、料理初心者さんでもサクサク進められる！

まずは、2週間分の野菜を全て切っていきます。野菜の仕込みが実は一番時間がかかる作業なので、集中力があるうちに終わらせてしまいましょう。

肉や魚の切り方から下処理、冷凍
保存までひと工程ずつ丁寧に解説

保存袋の中で味付けするだけなど、
仕込みが簡単なメニューも多数！

調味料はあらかじめ出しておきすぐに使える
状態にしておく、同じ作業はなるべくまとめて
行い、洗い物や片付けを極力減らす。まとめ
て作業することによって負担が軽くなります。

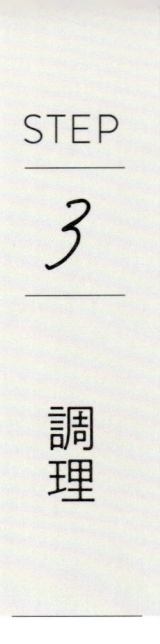

STEP

3

調理

解凍しておけば当日は
約15分で晩ごはんが完成!

もし今日のメインが
レモンチキンステーキだったら……

前日の夜、
冷蔵庫へ移して

解凍

アルミバットに入れて解
凍すれば、結露しても冷
蔵庫が汚れなくて済むし
ドリップも出にくく均一
に解凍ができます

焼く

下味が染みているから、
お肉はやわらかく美味し
く焼けます

盛り付ける

ゼロから作るより調理工
程が少ないので時短に！

冷凍ストックの段階で味付けまでしてあるの
で、夜は焼くだけでメインが完成！　副菜や
汁ものをプラスすれば充実の食卓に。基本的
に当日は包丁やまな板も使わないから、洗い
物も最小限で済みます。

Q1
買い物を週1回で
済ませるならお肉はどのくらい
買うべきでしょうか

Answer
まずは1週間の献立を考えてみて

献立を決めてからお買い物に行っているうちに、大体どのくらいの分量が必要になるか感覚が掴めてくると思います。足りるか心配でしたら少し多めに買っておいて、余ったぶんはそのまま冷凍したり、塩麹で下味をつけて冷凍しておけば困ったときにさっと使える常備ストックに。献立を考えるのが面倒なときには、ぜひこのレシピ本を活用してください。

Q2
野菜は
切って冷凍しますか？
冷凍に適している野菜とは？

Answer
基本は切って冷凍します

野菜はすぐ使える状態に切ってから冷凍します。野菜は解凍の過程で水分が抜けてしまって美味しさも栄養素も流れ出てしまうことが多いので、下味などしていなければ冷凍のまま使うほうがいいです。冷凍に適しているかどうかは、スーパーの冷凍コーナーで常設的に置いてあるものは同じように冷凍可能なので参考になると思います。

Q3
保存袋での作り置き肉に
挑戦しましたが、
水っぽくて美味しく焼けません

Answer
解凍の方法を見直してみて

冷凍ストックしたお肉を美味しく焼くには解凍の工程が大切！　と言っても難しいことはなくて、ポイントは冷蔵庫でゆっくり解凍するだけです。常温解凍やレンジ解凍のほうが早いけれど、ドリップが出て肉の旨みや水分が抜けてしまいます。冷凍が美味しくないと言われる所以はここ！　前日の夜に冷凍庫→冷蔵庫へ移して解凍しておけば、ドリップはほぼ無し。出てしまっても最小限に留まります。

Q4
火の強さの
使い分けがよくわからない

Answer
基本的には中火です

特に、味付きのお肉や麹で下味をつけたものは焦げやすいので、中火〜弱めの中火くらいで調理します。弱ければ焦げないのですが、逆に火が弱すぎるとドリップが流れ出てくるので弱すぎもよくありません。強火だと焦げやすいうえに、鍋やフライパンの特徴をよく知っていないと火加減も難しいですし、何より家庭用の鍋やフライパンは強火で使うと劣化が早いので、中火以上の火加減にすることはほとんどありません。

Q5
どこまで調理（仕込み）を
済ませておけばいいですか？

Answer
夕食前に「このくらいなら頑張れる！」
というところまでで◎

お肉やお魚は食べる直前に火を通したほうが美味しく食べられると思っています。でも、ライフスタイルはそれぞれなので、お仕事で遅くなるからレンチンだけで食べたい！という方は、P88のグラタンやP94のキーマカレーのようなメニューがおすすめ。逆に、仕込みに時間をかけたくない場合は、P67の手羽先やp60の焼豚のように包丁も使わず、調味料につけるだけで終わるものがベストです。

Q6
主菜に合う副菜を
考えることが億劫です

Answer
「主菜に合う」とこだわらなくてもOK

メインのおかずを考えるのにも毎日ひと苦労なので、私は組み合わせは二の次。そして副菜を作るときは、醤油麹があると便利です。旨みたっぷりの調味料なので、醤油麹で野菜を和えるだけで簡単に美味しい副菜が作れます！　メインの仕込みで余った食材で汁ものを作ることもあります。

Contents

Chapter

1

気軽に作れる! マネするだけ

1週間ストックレシピ

STEP 0 ｜ メニュー決め

STEP 1 ｜ 買い出し

STEP 2 ｜ 仕込み

STEP 3 ｜ 調理

1週間ストックレシピにおすすめの副菜

Chapter 2

ずっとラクできる　しっかり

2週間ストックレシピ

1ターン目

STEP 0 ｜ メニュー決め

P46 —— 2週間ストックレシピの
　　　　メニューはこれ！

STEP 1 ｜ 買い出し

P48 —— 2週間分の食材を一気に買い出し

STEP 2 ｜ 仕込み

P50 —— 2週間分まとめて野菜の下処理をする

P52 —— 肉・魚の下処理から味付け、
　　　　冷凍までを一気に

STEP 3 ｜ 調理

week 1

week 2

2週間ストックレシピ 1ターン目におすすめの副菜

Staff

装丁・本文デザイン
細山田光宣 + 奥山志乃 + 榎本理沙
（細山田デザイン事務所）

撮影
石原麻里絵(fort)

スタイリング
木村柚加利

校正
麦秋アートセンター

DTP
浦谷康晴

編集協力
川村彩佳

編集
竹内詩織(KADOKAWA)

協力
UTUWA
AWABEES

この本の使い方

この本を使い始める前に

前提として、この本にこれといった決まりは
ありません。りんご酢と書いてあっても、ほ
かに使い道が思いつかなくて購入するのに迷
ったら、まずは冷蔵庫にあるお酢で作ってみて。
甘い味付けが好きな人もいれば、塩辛い味付
けを好む人もいるように、このレシピ本をベー
スとして、とらわれず、それぞれが美味し
く心地いいと感じる材料や調味料で作ってい
ただければ幸いです。

麹について

つけておくだけでやわらかくなる麹を愛用し
ています。特に、醤油麹は旨みがたっぷりで
色々な調味料を使わなくても味が決まるので
おすすめです。醤油麹は全て醤油に置き換え
可。同量だと醤油は少し塩辛くなってしまう
ので醤油麹大さじ1＝醤油大さじ⅔程度の「気
持ち少なめ」と思っていただくとよいです。

油は基本米油

米油はクセがなく、油のなかではさっぱりし
ています。テクニックがなくても揚げ物がカ
リッと揚がりやすいのでおすすめです。

粉について

基本的には米粉を使用。小麦粉を使うより仕
上がりが軽くなります。

砂糖はてんさい糖

血糖値の上昇が白砂糖に比べて緩やかになる
ことと、甘みがまろやかなことをメリットと
して使用しています。

よく出てくる調味料

だしパックは茅乃舎のだしがおすすめ。袋を
破って調味料として使用できる万能おだしです。
こしょうはブラックペッパーを使用しています
がいつもお家で使っているこしょうでOK。特
にブラックペッパーの使用がおすすめなとこ
ろだけ「ブラックペッパー」と表記しました。

解凍について

基本的に冷凍のまま調理してもいいのですが、
ドリップが白く固まってしまったり、汁が濁っ
てしまったり、中まで火が通りづらかったり
する場合があります。解凍したほうが美味し
いと思うもの、調理が簡単、時短に繋がるも
のは解凍調理としてレシピに掲載しています。
逆に、冷凍のままのほうが調理がしやすかっ
たり、手間が省けて美味しく食べられるものは、
冷凍のまま調理として掲載しています。

保存袋について

フリージング可能な保存袋を使用しています。

日持ちについて

レシピと一緒に日持ちの期間を記載していま
すが、あくまで目安。日が経ちすぎると味が
変わる可能性もあります。見切り品などで鮮
度が落ちたものを冷凍する場合は、早めに食
べ切ることを推奨します。

副菜について

副菜を準備するタイミングは、朝ごはんやお
弁当を作るときや晩ごはんの調理の合間など
手の空いた時間で。忙しいときは、納豆やお
豆腐、切っただけの生野菜を副菜に出すこと
も多いです。

章ごとの使い分け

2週間分を一気に作るのはハードルが高いよ、
と思ったあなたへ

Chapter

1

まずは1週間分からやってみて！

冷凍ストックに慣れるまではまずは1週間やってみるのがおすすめ。それでも負担に感じる場合は、食べたいものを数日分から始めてみて。料理初心者さんでも挑戦しやすいよう、洗い物が少なくお手軽なレシピを厳選しています。

1週間分の冷凍ストックに慣れてきたら

Chapter

2

2週間分にチャレンジ！

買い出しや仕込みに慣れてきたら2週間分に挑戦！　少し大変だけど、1週間分の倍以上に毎日の負担が軽くなるのを実感できると思います。本の通りにマネしてもいいですし、お好みで順番を入れ替えるのもおすすめです。

気軽に作れる!
マネするだけ

１週間ストックレシピ

仕込みから調理まで
誰でもマネしやすいレシピばかり。
まずは1週間分やってみて、
毎日の家事がラクになる
冷凍ストック生活を
体験してみてください。

0

メニュー決め

1週間ストック
レシピの
メニューは
これ！

≫

真鯛のカルパッチョ

焼きサバ

ジェノベーゼチキン

冷凍ストック生活をしていると食べる機会が少なくなるお刺身は、鮮度のよいものを購入して冷蔵保存で月曜日に。ミートソースを作っている間に、それ以外のメニューをどんどん仕込んで保存袋に入れていきます。仕込みが簡単な、冷凍ストック初心者にもやさしいレシピです。

ミルフィーユポテトグラタン

鮭のオイル焼き

やわらか煮豚

ルーロー飯

献立の立て方の工夫

揚げ物、焼くもの、茹でるもの、煮るものといったように、なんとなくカテゴリー分けをして飽きないように献立を考えます。1週間のうちに味付けが被りそうなら薬味を入れたり、味噌やキムチを入れてみたりと、存在感があるものを追加して変化をつけています。

仕込み前日

1週間分の食材を一気に買い出し

野菜

玉ねぎ	1＋¼玉	215円
人参	1本	74円
エリンギ	2本	105円
じゃがいも	2〜3個	321円
マッシュルーム	1パック	253円
ミックスビーンズ	1袋(50g)	165円
大根	¼本	107円
生姜	1かけ	108円
たけのこ(水煮)	½本	327円
薬味ねぎ	適量	140円
ミニトマト	4個＋3個	305円
(大葉ジェノベーゼを作る場合)大葉	40g(約80枚)	321円
松の実	10g	321円
にんにく	2かけ	105円

肉・魚

真鯛のお刺身	1柵	689円
合挽きミンチ	400g	431円
鮭	300g	618円
サバ	2切れ	327円
鶏もも肉	2枚	592円
豚ももブロック肉	500g	484円

その他

トマトピューレ	150g	182円
生クリーム	200㎖	286円
(市販のジェノベーゼを買う場合) 大さじ2〜3		537円

常備食材・調味料

- ☐ 醤油麹・醤油
- ☐ おろしにんにく
- ☐ りんご酢(他のお酢でもOK)
- ☐ はちみつ
- ☐ コンソメ(顆粒)
- ☐ ウスターソース
- ☐ 味噌
- ☐ 八角(あればでOK)
- ☐ ローリエ
- ☐ シュレッドチーズ
- ☐ 粉チーズ(パルメザンチーズ)
- ☐ ハーブソルト
- ☐ 酒
- ☐ 卵
- ☐ オリーブオイル
- ☐ 塩・こしょう(ブラックペッパー)
- ☐ ごはん

合計 **6,476** 円 でした！

※分量は実際に使用する量、価格は購入時の参考(税込)。
材料は大人2人分。ミートソースは4人分。
※副菜分は含みません。

効率よく買い物をするためにお買い物リストは必須。野菜は使い勝手のいいものや季節の安いものを買って、仕込み後に余ったものは副菜へ回したり、冷凍保存して翌週に持ち越したりします。

仕込み当日

1週間分まとめて
野菜の下処理をする

⌄

| 冷凍する野菜の下処理 |

エリンギ（2本）　マッシュルーム（1パック）　玉ねぎ（1と¼玉）

大根（¼本）　人参（1本）　ミックスビーンズ（1袋/約50g）

野菜はメニューごとに下処理をするよりも、
1週間分をまとめて一気に下処理したほうがラク。
みじん切りはフードプロセッサーを使ってもいいです。
野菜の下処理が必要ない曜日もあります。

Tue.
ミルフィーユポテトグラタン

玉ねぎ（1玉）、
人参（1本）、
エリンギ（2本）を
みじん切りにする

Wed.
鮭のオイル焼き

玉ねぎ（¼玉）は
くし切り、
マッシュルーム
（½パック）は
スライスする

Thu.
焼きサバ

大根（¼本）を
すりおろし、
ざるにあげる

Fri.
ジェノベーゼチキン

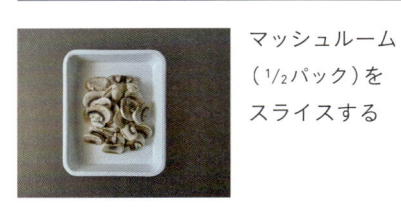

マッシュルーム
（½パック）を
スライスする

> 次ページの（肉・魚の下処理）に続く

Mon.

Tue.

Wed.

Thu.

Fri.

Sat.

Sun.

肉・魚の下処理から
味付け、冷凍までを一気に

1 week

Mon. 真鯛のカルパッチョ（P30）

1 真鯛のお刺身（1柵）は薄く切り、
皿に盛り付けラップをして冷蔵保存

Tue. ミルフィーユポテトグラタン（P32）

1 合挽きミンチ（400g）とみじん切りにした
野菜に塩こしょうしてフライパンで炒める

2 1の色が変わってきたら、はちみつ、ウスタ
ーソース（各大2）、コンソメ（大½）、トマ
トピューレ（150g）を加え、ひと煮立ちした
らローリエ（1枚）、味噌（小2）を入れる
冷めたら保存袋に入れ冷凍保存

Wed. 鮭のオイル焼き（P34）

1 鮭（300g）の両面にハーブソルトを
たっぷりまぶし、10分おく
水分が出てきたらキッチンペーパーで
軽くおさえる
保存袋に入れオリーブオイルを
ヒタヒタに加えて冷凍保存

Thu.　焼きサバ（P35）

1 サバ（2切れ）は塩を軽く振り、
水分が出てきたら
キッチンペーパーで軽くおさえる
▶保存袋に入れ冷凍保存

Fri.　ジェノベーゼチキン（P36）

1 鶏もも肉（2枚）を食べやすい
大きさに切る

2 保存袋に1、醤油麹（大1）、
大葉のジェノベーゼソース（大2〜3）を
入れ下味をつけ冷凍保存
（大葉のジェノベーゼソースはP37参照）

Sat.　やわらか煮豚（P38）

1 千切りにした生姜と豚ももブロック肉
（500g）、醤油麹、はちみつ（各大2）、
酒（100㎖）、おろしにんにく（小1）を
耐熱保存袋に入れ下味をつけ冷凍保存

Sun.　ルーロー飯（P39）

下処理なし

＼前日のやわらか煮豚を／
アレンジ

　＞

STEP

3

調理

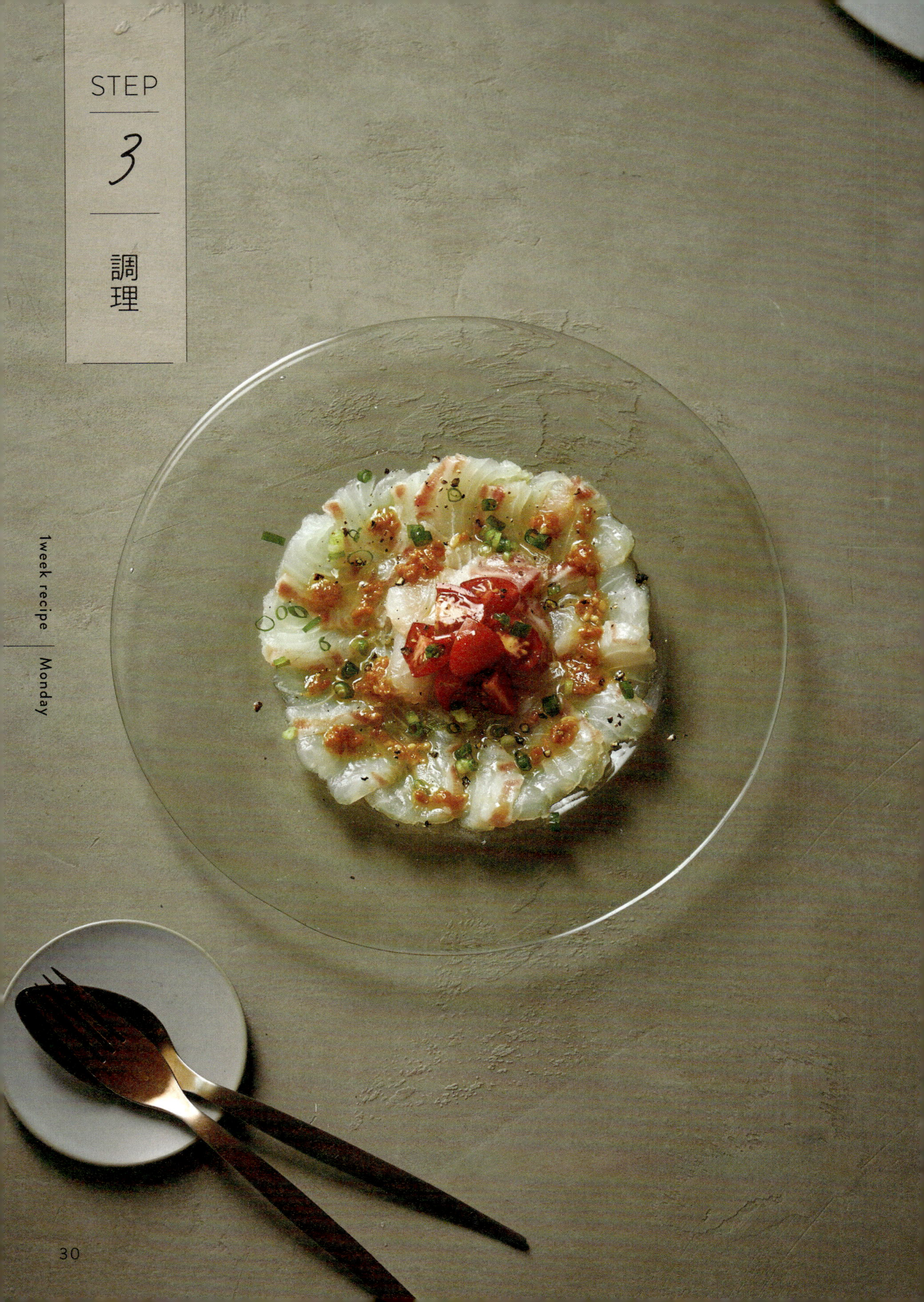

真鯛のカルパッチョ

盛り付けまで済ませておけば月曜日からラクできちゃう

🕐 仕込み 5分 | 🕐 調理 5分 | ❄ 解凍 なし

材料　2人分

[仕込み]
真鯛のお刺身 … 1柵(さく)

[調理]
ミニトマト … 4個
薬味ねぎ … 適量

A
| 醤油麹 … 大さじ1
| おろしにんにく
| … 小さじ¼
| りんご酢 … 小さじ1
オリーブオイル
　… 大さじ1と½
ブラックペッパー
　… ひとつまみ

仕込み

1　切る

真鯛のお刺身＞薄く切って
皿に盛り付ける

▶冷蔵保存

調理

1　切る

ミニトマト＞½〜¼に切る
薬味ねぎ＞小口切り(余りは冷凍保存可)

2　盛り付ける

真鯛の上に1と薬味ねぎを盛り付け、
よく混ぜ合わせたAの調味料をかける
↓
オリーブオイルと
ブラックペッパーを
まわしかける

| 日持ち ／ お刺身の消費期限に準ずる |

---

memo

切っておけばサッと出せる究極の
時短メニュー。醤油ベースで万人
受けする味付けだから来客時にも
おすすめです。お好きなお魚やシ
ーフードでどうぞ。

おすすめの副菜は❸の
じゃがいものガレット(＞P40)

ミルフィーユポテトグラタン

ミートソースグラタンをもっとお手軽に

🕐 仕込み **15分** | 🕐 調理 **15分** | ❄ 解凍 あり（冷蔵可）

材料　4人分

[仕込み]
合挽きミンチ … 400g
玉ねぎ … 1玉
人参 … 1本
エリンギ … 2本

A
はちみつ … 大さじ2
コンソメ（顆粒）… 大さじ½
ウスターソース … 大さじ2
トマトピューレ … 150g

オリーブオイル … 適量
味噌 … 小さじ2
ローリエ … 1枚
塩・こしょう … 少々

[調理]
じゃがいも … 2〜3個
生クリーム … 150〜200㎖

B
シュレッドチーズ … 適量
パルメザンチーズ … 適量
ブラックペッパー … 適量
オリーブオイル … 適量

塩 … 適量

仕込み

1　切る

玉ねぎ、人参、エリンギ＞みじん切り

2　炒める

オリーブオイルをひいたフライパンに
合挽きミンチと1を入れ、塩・こしょうをして炒める

3　煮込む

合挽きミンチの色が変わってきたらAの調味料を全て入れ、
ひと煮立ちしたらローリエと味噌を入れる
▶冷めたら保存袋へ入れ冷凍保存（数日で使う場合は冷蔵保存可）

調理

1　解凍する

ミートソースは前日夜に冷蔵庫へ移しておくか、
当日電子レンジで解凍する

2　切る

じゃがいもは皮をよく洗って
スライサーでスライスし、
軽く塩を振りながら耐熱皿に重ね並べていく

| 日持ち ／ 冷凍約1カ月
冷蔵3〜4日 |

3　温める

2にふんわりラップをかけ600Wの電子レンジで3分加熱

4　オーブンで焼く

3に生クリームを入れ、1とBを順に
重ねたら予熱した250℃のオーブンで
焦げ目がつくまで焼く

○
memo

「ヤンソンの誘惑」という
スウェーデンの伝統的な家
庭料理をベースにした、ホ
ワイトソースいらずのサラ
ッとしたグラタンです

おすすめの副菜は**C**の
キャベツのコールスロー
（＞P41）

| Wednesday |

鮭のオイル焼き

シンプルだけどちょっぴりオシャレな焼き魚

🕐 仕込み **15**分　|　🕐 調理 **15**分　|　❄ 解凍 あり

材料　2人分

[仕込み]

鮭 … 300g

オリーブオイル … 適量
ハーブソルト … 適量
ローリエ … お好みで1枚
（お好きなハーブでもOK）

A｜ 玉ねぎ … ¼玉
　｜ マッシュルーム … ½パック
　｜ ミックスビーンズ … 1袋（50g）

∨

[調理]

ミニトマト … 3個
塩・こしょう … 適量
オリーブオイル … 適量

仕込み

1　切る

玉ねぎ＞くし切り
マッシュルーム＞スライス
▶Aの野菜は保存袋に入れ冷凍保存

2　下処理

鮭の両面にたっぷり
ハーブソルトをまぶし、
10分ほどおいて水分が出たら
キッチンペーパーで軽くおさえる

▶保存袋に入れ
　オリーブオイルを
　鮭がひたる程度に、
　ローリエも入れて
　冷凍保存

| 日持ち ／ 約1カ月 |

調理

1　解凍する

鮭は前日夜に
冷蔵庫へ移し解凍する
（野菜は冷凍のままでOK）

2　焼く

フライパンに保存袋のオリーブ
オイルをひいてよく温める
鮭と玉ねぎを入れ、残りの野菜と
ミニトマトも加え蓋をして弱めの
中火で蒸し焼きにする
↓
野菜は軽く塩・こしょうをし、
オリーブオイルを軽くまわしかける

おすすめの副菜は **C** のキャベツのコールスロー（＞P41）

| Thursday |

焼きサバ

大根おろしも冷凍しておき手間を最小限に

🕐 仕込み 10分 | 🕐 調理 15分 | ❄ 解凍 あり

材料　2人分

[仕込み]
サバ … 2切れ
大根 … 1/4本

塩 … 少々

⌄

[調理]
酒 … 小さじ2（お好みで）

仕込み

1　すりおろす

大根はおろしてざるにあげ、
おおよそ水分が切れたら
ラップに包む
▶保存袋に入れ冷凍保存

2　下処理

サバは軽く塩を振り、
水分が出たらキッチンペーパーで
軽くおさえる
▶保存袋に入れ冷凍保存

| 日持ち ／ 約1カ月 |

調理

1　解凍する

大根おろしは前日夜か
当日にざるへ移し、
冷蔵庫で解凍する
（サバは冷凍のままでもOK）

2　焼く

サバをグリルまたは
フライパンで焼く
酒をかけて焼くとふっくらした
仕上がりに

おすすめの副菜は Ⓓ の
アーモンドのキャロット
ラペ（＞P41）＋お味噌汁

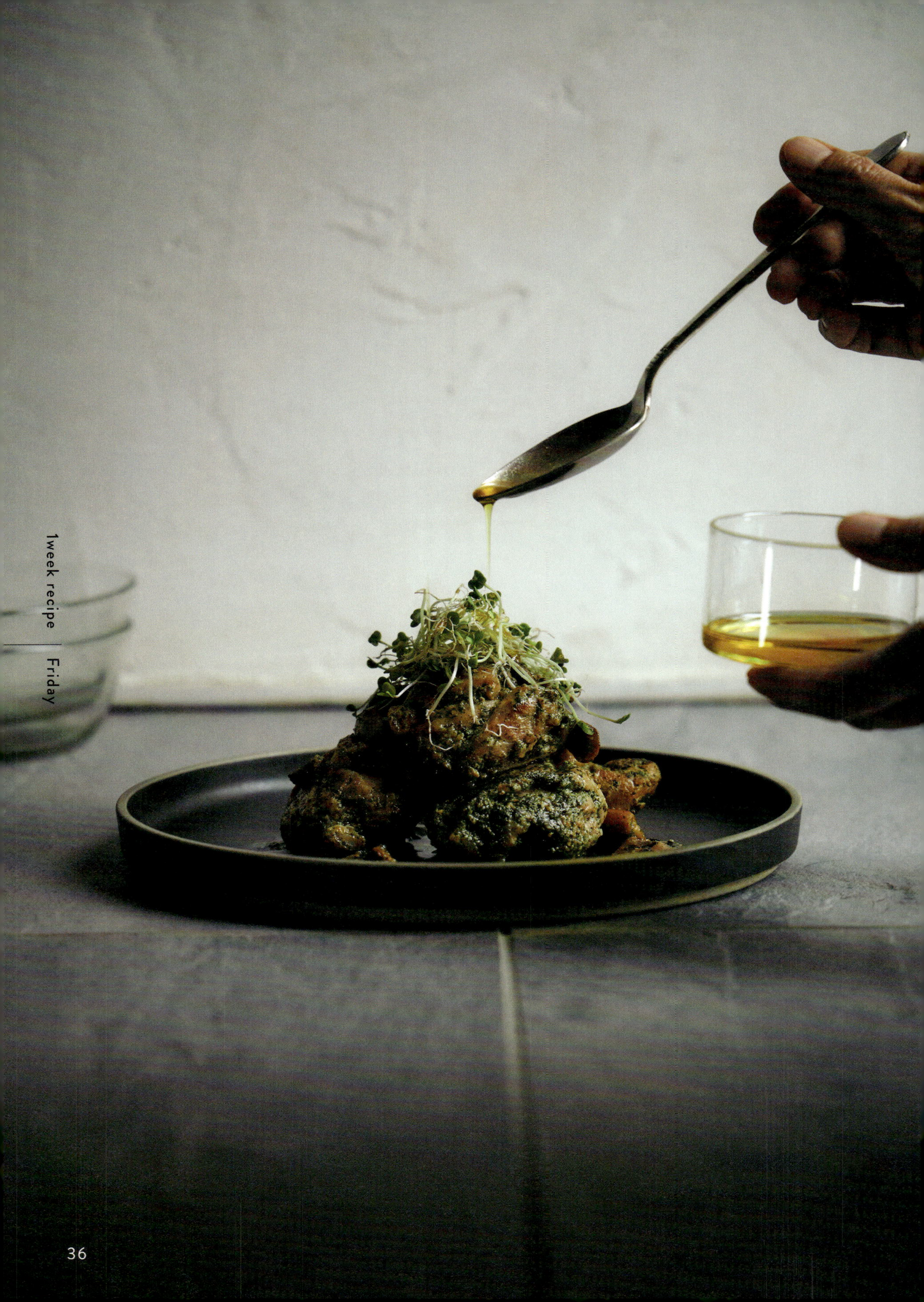

ジェノベーゼチキン

大葉で作ったジェノベーゼソースであっさり味に

⏱ 仕込み 5分 | ⏱ 調理 10分 | ❄ 解凍 あり

材料　2人分

[仕込み]
鶏もも肉 … 2枚
マッシュルーム … ½パック

A
醤油麹 … 大さじ1
大葉のジェノベーゼソース
（バジルソースでも市販のもの
でもOK）… 大さじ2〜3

[調理]
オリーブオイル … 適量
酒 … 大さじ1

仕込み

1　切る

マッシュルーム＞スライス
▶保存袋に入れて冷凍保存
鶏もも肉＞余分な筋や脂肪を取り除き
食べやすい大きさにカットする

2　下味をつける

鶏もも肉を保存袋に入れ、
Aの調味料を全て入れてなじませる
▶冷凍保存

調理

1　解凍する

鶏もも肉は前日夜に冷蔵庫へ移し
解凍する（マッシュルームは冷凍の
ままでOK）

2　焼く

フライパンにオリーブオイルをひき、
皮目から鶏もも肉を焼く
皮目がこんがりしたらひっくり返す

3　焼く

脂が多い場合は
キッチンペーパーで拭き取る
マッシュルームと酒を入れ蓋をして
鶏もも肉に火が通るまで
蒸し焼きにする
蓋を外し、水分が多ければ
軽く炒めて水分を飛ばす

| 日持ち ／ 約1カ月 |

大葉のジェノベーゼソースの作り方

[材料]　1瓶分
大葉 … 40g（約80枚）
松の実 … 10g
パルメザンチーズ … 20g
塩 … 小さじ1
にんにく … 2かけ
オリーブオイル … 70㎖
ブラックペッパー
　… お好みで

[作り方]
全ての材料をフードプロセッサーに入れて混ぜたら、清潔な容器に移す。ソースが空気に触れないようにオリーブオイル（分量外）で蓋をして保存する。保存期間は冷蔵で1〜2週間、冷凍で1カ月程度

memo

味付き肉は焦げやすいので、蓋をして蒸し焼きにするのがおすすめ。火加減は弱めの中火くらいで

おすすめの副菜は**D**のアーモンドのキャロットラペ(＞P41)

やわらか煮豚

コトコト煮込まなくてもやわらかジューシー

⏱ 仕込み 5分 　|　 ⏱ 作業時間 5分（調理時間4時間）　|　❄ 解凍 あり

材料　4人分

（翌日のルーロー飯分も含む）

[仕込み]
豚ももブロック肉 … 500g
生姜 … 1かけ

A
- 醤油麹 … 大さじ2
- はちみつ … 大さじ2
- 酒 … 100㎖
- おろしにんにく … 小さじ1

仕込み

1　切る
生姜＞千切り

2　下味をつける
豚ももブロック肉と
1を耐熱保存袋に入れ、
Aの調味料を全て入れて
なじませる
▶冷凍保存

調理

1　解凍する
豚ももブロック肉は前日夜に
冷蔵庫へ移し解凍する

2　保温する
容器に耐熱保存袋に入ったままの
豚もも肉と熱湯を入れる
▶ヨーグルトメーカーで作る場合
　蓋をして64℃で4時間保温
▶炊飯器で作る場合
　保温スイッチを入れ4時間保温

3　盛り付ける
食べやすい大きさに切りお皿に盛り付ける
袋に残った調味料液は少しかけたら
翌日のアレンジレシピ（ルーロー飯）用に
残しておく

| 日持ち ／ 約1カ月 |

おすすめの副菜は **E** のアボカドサーモンのキムチポキ（＞P41）

ルーロー飯

土曜日の煮豚を簡単アレンジ

🕐 仕込み なし　|　🕐 調理 15分　|　❄ 解凍 なし

材料　2人分

［調理］
やわらか煮豚の残り
たけのこ（水煮）… 1/2本
ゆで卵 … 2個
ごはん … 2杯分
八角 … 1個（お好みで）

調理

1　切る

たけのこ＞1cm角程度に切る

2　煮る

鍋にやわらか煮豚と残りの調味料液、
1、お好みで八角を入れて弱めの中火に
かける
↓
煮立ったら弱火にし、
10分ほど煮込んだら火を止める
ごはんの上に盛り付け、ゆで卵をのせる

おすすめの副菜は Ⓐ の
サラダ（＞P40）

1week recipe ｜ Sunday

39

1週間ストックレシピにおすすめの副菜

サラダ

冷蔵庫には常にストック

材料

サニーレタス、ケールなどの葉物野菜

調理

1 葉物野菜はちぎって洗い、
水気をよく切る
保存袋へ入れて冷蔵保存
食べるときは、トマトなどお好みの
野菜やドレッシングをかけて
※サラダは2週間ストックレシピでも
登場します

じゃがいものガレット

細めの千切りがポイント

材料　2人分

じゃがいも … 2個
粉チーズ … 大さじ3
塩・こしょう … 少々
オリーブオイル … 適量

調理

1 じゃがいもを細めの千切りにする
2 ボウルに1とオリーブオイル以外の調味料を
全て入れて混ぜる
3 フライパンに多めのオリーブオイルを入れて
フライ返しで押しつけながら
じっくり焼く（弱めの中火で10分程度）
4 ひっくり返してカリッとするまで焼く
（弱めの中火で10分程度）

キャベツのコールスロー

キャベツの大量消費はこれ

材料　4人分

キャベツ … ¼玉
カニカマ … 1パック（70g）
砂糖 … 大さじ2
コンソメ（顆粒）… 小さじ1
（あれば玉ねぎ麹 … 大さじ1）
りんご酢 … 大さじ3
マヨネーズ … 大さじ2〜3
塩 … 少々
ブラックペッパー … お好みで

調理

1 キャベツは
千切りにして軽く塩揉みし、
水気をよく絞っておく

2 カニカマはほぐし
全ての材料をよく混ぜる
お好みでブラックペッパーを振る

アーモンドのキャロットラペ

アーモンドがアクセント

材料　3〜4人分

人参 … 1本
アーモンド … 10粒
塩・こしょう … 少々
はちみつ … 大さじ2
りんご酢 … 大さじ1
オリーブオイル … 適量

調理

1 人参はスライサーなどで千切りにし、
アーモンドは適当な大きさに砕いて
おく（大きめでOK）

2 オリーブオイル以外の材料を混ぜる
味がなじんだらオリーブオイルをま
わしかける

アボカドサーモンのキムチポキ

ごはんにのせてポキ丼にも

材料　2人分

サーモン … 150g
アボカド … 1個
キムチ … 90g
めんつゆ（4倍濃縮）… 大さじ½
ごま油 … 適量
白ごま … 適量
韓国海苔 … お好みで

調理

1 サーモン、
アボカドは角切りにする

2 全ての材料を混ぜる
お好みでちぎった
韓国海苔をちらす

ずっと使い続けたい愛用品

amadanaのオーブンレンジ

4度の引っ越しをはさんで16年。取っ手が天然木というデザインは、ずっと一番のお気に入り。当時は悩んで奮発したけれど、16年もの歳月を共にできるなんて開発してくださった方々と購入を決断した昔の自分に感謝を伝えたいです。

la baseの鉄フライパン

鉄なのに油ならしのいらないフライパン。取っ手が短いから収納もしやすく調理中も自分の身体が引っかからない！　さらに家庭用オーブンでも丸ごと入るように工夫されています。このフライパンで焼く目玉焼きは縁もパリッパリで格別の美味しさなので、ぜひ一度食べてみてほしいです。

ダイソーのガラス容器

100均とは思えぬクオリティのガラス容器。ガラスなのでにおい移りもなく、口広でお手入れラクラク。お手頃なので揃えやすいですし、同じ大きさのものがピシッと整頓されていると使いやすいです。身の回りを整えることがお料理の効率や、時には出来栄えにさえ関わると思っているので道具は大切にしています。

WECKのガラスキャニスター

WECKのガラスには、リサイクルならではのシワがあったり個性がみられて使っていて楽しいです。何を入れても本当に可愛くて、少しずつ集めているこのシリーズは移し替えるときにストレスもなく、大さじですくっても口元に引っかからずに使える貴重な瓶。私の仕込みの相棒です。

無印良品のバット類

バットにぴったりはまるざるは、揚げ物や野菜の水切りにもとても便利！ 網目から食材が落ちることもないし、広げて置けるから余分な油や水分を落としやすい優れものです。バットを多めに持っておくと仕込み調理が効率的にできるので、我が家では大活躍しています。

OXOのピーラー

OXOはピーラーのほかにサラダスピナーやスライサーなども愛用していますが、軽い力で簡単に扱えて、力を加えてもズレにくいグリップが魅力。創業者が関節炎だった奥さまのために安全に使いやすいものをと作ったブランドで、妻への愛情が原点なところもとても思いやりがあって素敵だと思います。

柳宗理のボウルなど

柳宗理デザインは「無駄がない」、ただこの一言に尽きます。安いものを買い替えて使うよりも、よいものを長く使いたいと考えるきっかけを与えてくれたツールたち。日々使い続けることを前提に曲線の細部までこだわって作られていて、使えば使うほどデザインや機能面、お手入れのラクさなど全てに感動します。

無印良品の調理器具

私のキッチンのテーマは「シンプル」と「黒とシルバー」。シンプルなものは使い手を選ばず、愛着を持って長く接しているとどんどん手になじんでいき、いつしか自分のために作られたような感覚に。そう思わせてくれる無印良品のキッチンツールたちは、私の中では永遠に裏切らないパートナーのような存在です。

ずっとラクできる
しっかり

2週間ストックレシピ

冷凍ストック生活に慣れてきた方のために
2週間×2ターン分のレシピをご紹介します。
買い出しから調理まで、
ただマネするだけで
日々の家事がグッとラクに。

2weeks ——————— | Mon. | Tue. | Wed. | Thu. | Fri. | Sat. | Sun. |
　　　　　　　　　　| Mon. | Tue. | Wed. | Thu. | Fri. | Sat. | Sun. |

STEP 0 メニュー決め

1ターン目 2週間ストックレシピのメニューはこれ！

≫

Mon. /

カツオのタタキ漬け

Tue. /

カルビクッパ

Wed. /

海老カツ

Thu. /

焼き豚

Fri. /

ハニーマスタード
チキン

Sat. /

豚キムチ

Sun. /

キムチクリームパスタ

あっさり系からがっつり系までバランスよく。揚げ物は面倒な印象があるかもしれませんが、冷凍ストックしておけば当日は揚げるだけなので実はラクなんです。1週目の日曜は土曜のアレンジにするなど、ほどよく手を抜いて。

Mon. /
チャプチェ

Tue. /
ブリ照り

Wed. /
やわらか手羽先

Thu. /
串カツ

Fri. /
ささみのごま焼き

Sat. /
家カレー

Sun. /
鮭のホイル焼き

| 献立の立て方の工夫 |

ある程度味付けが同じでも、具材が違えば味も変わってくるので多少偏ってもOK。バリエーションを出そうと考えすぎて疲れてしまっては続かないので、気を張らず抜くところは抜いて冷凍ストック生活をしています。

仕込み前日

2週間分の食材を一気に買い出し

野菜

玉ねぎ	4＋³/₄＋¹/₆玉	428円
紫玉ねぎ	¹/₂玉	105円
大葉	5枚	105円
ミニトマト（お好みで）	1パック	305円
人参	2本	213円
じゃがいも	4個	327円
ニラ	¹/₂束	105円
ピーマン	2個	103円
まいたけ	¹/₂パック	105円
生姜	¹/₂かけ	108円

肉・魚

カツオのタタキ	1柵	395円
牛カルビ肉	200g	859円
エビ	約12尾	645円
豚肩ロースブロック肉		
	400g	735円
鶏もも肉	2枚	592円
豚バラカルビ	400g	435円
豚こま肉	250g	264円
ブリ（切り身）	2切れ	518円

手羽先	500g	464円
豚バラ肉（薄切り）	300g	317円
ささみ	4本	219円
豚バラブロック肉	600g	646円
鮭（切り身）	2切れ	550円

その他

キムチ		
	180g+200g+お好みで	384円
白ごま	大さじ4＋お好みで	100円
黒ごま	大さじ4	100円
はんぺん	2枚	220円
粒マスタード	大さじ1と¹/₂	382円
パスタ	200g	105円
生クリーム	200㎖	286円
牛乳	100㎖	213円
はるさめ	100g	105円
カレールウ	1箱	235円

常備食材・調味料

- □ 醤油・醤油麹
- □ 塩麹
- □ めんつゆ（4倍濃縮）
- □ みりん
- □ 酒
- □ おろし生姜
- □ おろしにんにく
- □ 砂糖
- □ はちみつ
- □ オイスターソース
- □ ウスターソース
- □ ケチャップ
- □ マヨネーズ
- □ 味噌
- □ ごはん
- □ 韓国海苔（お好みで）
- □ ローリエ
- □ 焼肉のたれ
- □ 鶏ガラスープの素
- □ 米粉（小麦粉）
- □ パン粉
- □ 片栗粉
- □ ごま油
- □ オリーブオイル
- □ 揚げ油（米油）
- □ 粉チーズ（パルメザンチーズ）
- □ 卵
- □ 塩・こしょう（ブラックペッパー）

合計 **10,673** 円 でした！

※分量は実際に使用する量、価格は購入時の参考（税込）。
　基本的に材料は大人2人分。
※副菜分は含みません。

week 1

Mon.

Tue.

Wed.

Thu.

Fri.

Sat.

Sun.

week 2

Mon.

Tue.

Wed.

Thu.

Fri.

Sat.

Sun.

仕込み当日

2週間分まとめて
野菜の下処理をする

冷凍する野菜の下処理

ニラ（1/2束）

まいたけ（1/2パック）

人参（2本）　ピーマン（2個）　玉ねぎ（4＋3/4＋1/6玉）

2週間分といっても野菜の下処理は少なめ。
1週目のカルビクッパと
2週目のチャプチェは食材も切り方もほぼ同じなので、
まとめて仕込むと効率がいいです。

week 1

Mon. カツオのタタキ漬け

下処理なし

Tue. カルビクッパ

玉ねぎ（1/2玉）は薄切り、人参（1/2本）は
千切り、ニラ（1/2束）は3～4cm幅に切る

Wed. 海老カツ

玉ねぎ（1/2玉）をみじん切りにする

Thu. 焼き豚

下処理なし

Fri. ハニーマスタードチキン

下処理なし

Sat. 豚キムチ

玉ねぎ（1玉）を薄切りにする

Sun. キムチクリームパスタ

下処理なし

week 2

Mon. チャプチェ

人参（1/2本）とピーマン（2個）は千切り、
玉ねぎ（1/4玉）は薄切りにする

Tue. ブリ照り

下処理なし

Wed. やわらか手羽先

下処理なし

Thu. 串カツ

下処理なし

Fri. ささみのごま焼き

下処理なし

Sat. 家カレー

1 玉ねぎ（1と1/2玉）
と人参（1本）を
すりおろす

2 玉ねぎ（1玉）を
薄切りにする

Sun. 鮭のホイル焼き

1 玉ねぎ（1/6玉）を
薄切りにする

2 まいたけ（1/2パック）
を食べやすい
大きさにさく

＞ 次ページの（肉・魚の下処理）に続く

肉・魚の下処理から 味付け、冷凍までを一気に

week 1

Mon.　カツオのタタキ漬け（P56）

1 カツオのタタキ（1柵<ruby>柵<rt>さく</rt></ruby>）をそぎ切りし、
醤油、めんつゆ（4倍濃縮）、酒、
みりん（各大1）、おろし生姜（1cm）に
つける
ぴったりラップをして冷蔵保存

Tue.　カルビクッパ（P57）

1 牛カルビ肉（200g）は
食べやすい大きさに切る

2 下処理した野菜と1を保存袋に入れ
焼肉のたれ（大3）で下味をつけ
冷凍保存

Wed.　海老カツ（P58）

1 海老（約12尾）は殻をむいてよく洗い、
背ワタを外してひと口サイズに切る

2 ボウルにつぶしたはんぺん（2枚）、
玉ねぎ、1、片栗粉（大´）、
塩・こしょう（多めに）を入れ
よく混ぜたら成形する

3 卵（1個）に米粉（大さじ1）を溶き、
パン粉を全体にまぶしたら
保存袋へ入れ冷凍保存

Thu. 焼き豚 （P60）

1 豚肩ロースブロック肉（400g）と
醬油麴（大2）、おろし生姜（1㎝）、
はちみつ（大4）、味噌と
オイスターソース（各小1）を
保存袋に入れ下味をつけ冷凍保存

Fri. ハニーマスタードチキン （P61）

1 鶏もも肉（2枚）は余分な筋や脂肪を
取り除きひと口大に切る

2 1と粒マスタード（大1½）、
はちみつ（大3）、醬油麴（大½）、
おろしにんにく（小1½）を
保存袋に入れ下味をつけ冷凍保存

Sat. 豚キムチ （P62）

1 豚バラカルビ肉（400g）は
食べやすい大きさに切る

2 1と玉ねぎ、キムチ（200g）、
みりん（大3）、醬油麴（大2）を
保存袋に入れ下味をつけ冷凍保存

Sun. キムチクリームパスタ （P63）

仕込みなし

＼ 前日の
アレンジレシピ ／

＞

Mon.　　　　　　　　　　　チャプチェ（P64）

1 豚こま肉（250g）は
食べやすい大きさに切る

2 1と下処理した野菜、砂糖、醤油麹、
オイスターソース（各大1）、
おろしにんにく（小½）、
塩・こしょう（少々）を保存袋に入れ
下味をつけ冷凍保存

Tue.　　　　　　　　　　　ブリ照り（P66）

1 ブリ（2切れ）に塩を振り水分が出たら
キッチンペーパーで拭き取る

2 1と千切りした生姜（½かけ）、
砂糖、みりん、醤油、酒（各大1）を
保存袋に入れ下味をつけ冷凍保存

Wed.　　　　　　　　やわらか手羽先（P67）

1 手羽先（500g）と塩麹（大1）、
こしょう（少々）を保存袋に入れ
下味をつけ冷凍保存

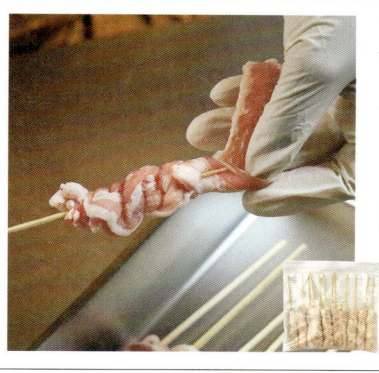

Thu. 串カツ（P68）

1 串に豚バラ肉（300g）を
くるっとねじりながら刺し、
塩・こしょう（少々）で下味をつける

2 米粉（40g）を水（90mℓ）で溶き、
1を絡ませたらパン粉をつけて
形を整える
保存袋に入れ冷凍保存

Fri. ささみのごま焼き（P69）

1 ささみ（4本）は筋を取り、
厚みを均等にして塩麹（大2）で
15分ほど下味をつける

2 ささみの両面に片栗粉（大1）をまぶし、
白黒それぞれのごま（各大4）を
まんべんなくまぶす
ラップに包んで保存袋に入れ冷凍保存

Sat. 家カレー（P70）

1 豚バラブロック肉（600g）は
食べやすい大きさに切って、
塩・こしょう（少々）で下味をつける
保存袋に入れ冷凍保存

Sun. 鮭のホイル焼き（P72）

1 鮭（2切れ）に塩・こしょう（少々）を振り、
水分が出てきたら
キッチンペーパーで軽くおさえる

2 ラップを広げ、1を並べ
玉ねぎとまいたけをのせ包んだら
保存袋へ入れ冷凍保存

| Monday |

カツオのタタキ漬け

薬味でさっぱり。作り置きで生魚も食べやすく

🕐 仕込み 10分 ｜ 🕐 調理 5分 ｜ ❄ 解凍 なし

材料　2人分

[仕込み]
カツオのタタキ … 1柵

A
醤油 … 大さじ1
めんつゆ（4倍濃縮）or白だし
　… 大さじ1
酒 … 大さじ1
みりん … 大さじ1
おろし生姜 … 1cm

⌄

[調理]
紫玉ねぎ … 1/2玉
大葉 … 5枚
ミニトマト … お好みで

仕込み

1　切る

カツオのタタキ＞そぎ切り

2　下味をつける

Aの調味料を全て混ぜ、切った
カツオを漬けてぴったりラップをする
▶冷蔵保存

| 日持ち ／ 約2日 |

調理

1　切る

紫玉ねぎ＞スライス
大葉＞刻む

2　盛り付ける

紫玉ねぎ、カツオのタタキ漬け
を盛り付け、1とお好みで
ミニトマトをのせる

memo

1柵の大きさによっては調味料が
少ないことも。お刺身がつかる量
に調節してしっかり漬け込んで

おすすめの汁ものはまいたけのお味噌汁

カルビクッパ

下味をつけるだけなのに、お店の味に大変身

⏱ 仕込み 10分　|　⏱ 調理 15分　|　✳ 解凍 あり

材料　2人分

[仕込み]

牛カルビ肉 … 200g
人参 … ½本
玉ねぎ … ½玉
ニラ … ½束

焼肉のたれ … 大さじ3

⌄

[調理]

ごはん … 1と½杯分
キムチ … 180g
卵 … 2個
鶏ガラスープ … 200㎖
醤油 … 大さじ1
白ごま … 適量
ごま油 … 大さじ1
韓国海苔 … お好みで

仕込み

1　切る

玉ねぎ＞薄切り
人参＞千切り
ニラ＞3〜4㎝幅に切る
牛カルビ肉＞食べやすい大きさに切る

2　下味をつける

1を保存袋に入れ、
焼肉のたれで下味をつける
▶冷凍保存

| 日持ち ／約 1カ月 |

調理

1　解凍する

牛カルビ肉と野菜は前日夜に冷蔵庫へ移し解凍する

2　炒める

フライパンにごま油（分量外）をひき1を炒める

3　煮込む

牛カルビ肉の表面の色が変わってきたら鶏ガラスープ、
ごはん、キムチ、醤油を入れて牛カルビ肉に火が通るまで煮る
⌄
溶き卵を入れ、蓋をして10秒待ったら火を止める。
余熱で卵がある程度固まったら器へ移し、白ごま、ごま油、
お好みで韓国海苔をのせる

| おすすめの副菜はサラダ（＞P40）|

57

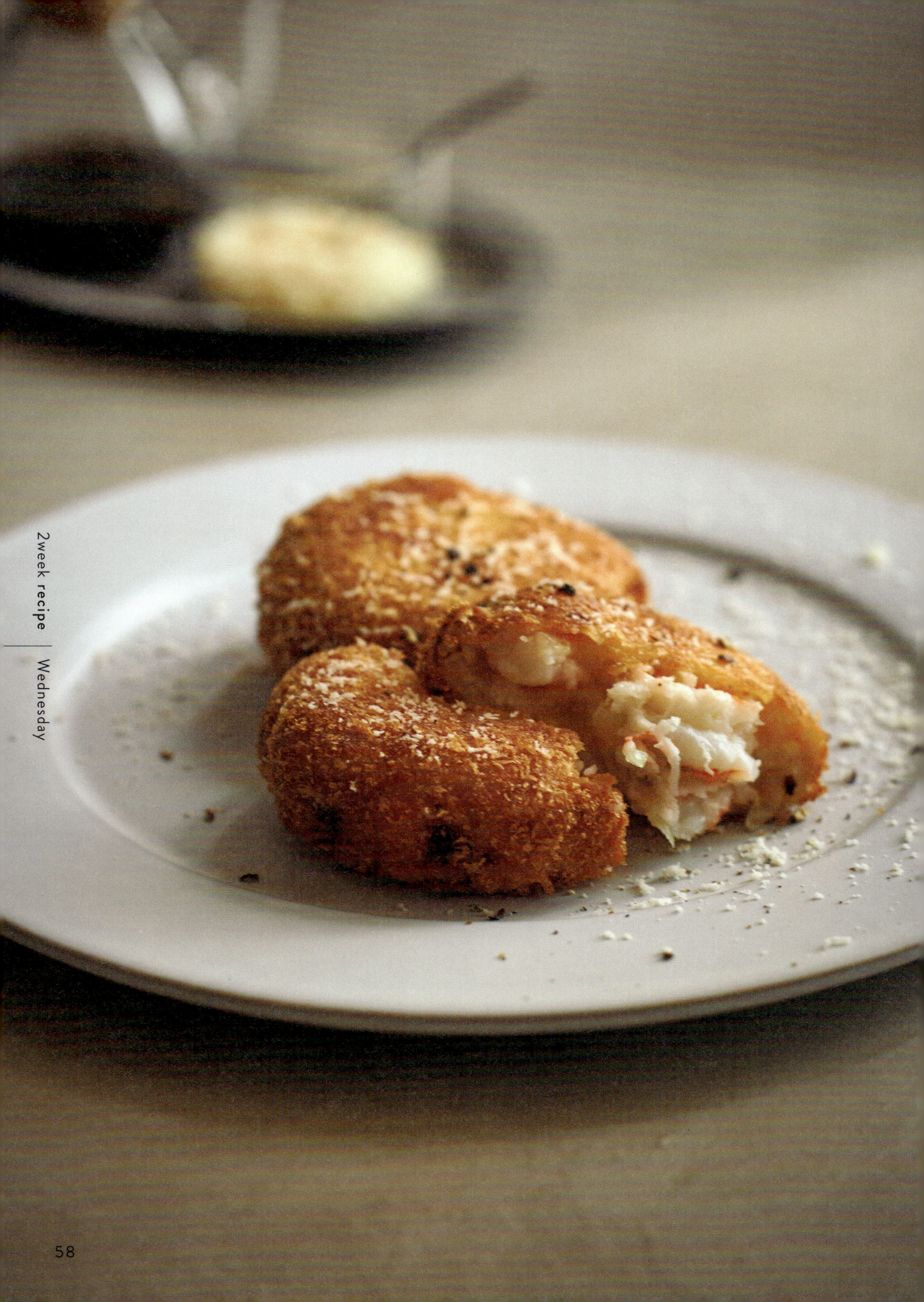

海老カツ

どこを食べても海老がゴロゴロ

⏱ 仕込み **20**分　|　⏱ 調理 **10**分　|　❄ 解凍 なし

材料　2人分

[仕込み]
海老 … 約12尾
はんぺん … 2枚
玉ねぎ … ½玉

パン粉 … 適量
卵 … 1個
米粉（小麦粉）… 適量
塩・こしょう … 多めに
片栗粉 … 大さじ1

[調理]
揚げ油 … 適量

仕込み

1　切る

玉ねぎ＞みじん切り
海老＞殻をむいてよく洗い、
背ワタを外してひと口サイズに切る
はんぺん＞つぶしやすい大きさに切る
（袋の上から叩いても◎）

2　成形する

ボウルに**1**と塩・こしょう、
片栗粉を入れて混ぜたら成形する

3　衣をつける

卵に米粉（小麦粉）を溶き、
パン粉をつける
▶保存袋へ入れ冷凍保存

調理

1　揚げる

冷凍のまま、
170℃の揚げ油でゆっくりと
海老に火が通るまで揚げる

| 日持ち ／ 約1カ月 |

---

memo

海老に火が通りづらいので平たく
成形し、ゆっくり揚げるところがポ
イント。ボイル海老を使ってもOK。
塩・こしょうは少し多いかなと思う
くらいで◎

おすすめの副菜はサラダ（＞P40）＋Ⓐの蓮根の梅海苔和え（＞P74）

| Thursday |

焼き豚

下味つけてほったらかし！　甘辛でやみつき

🕐 仕込み **3**分　｜　🕐 作業時間 **5**分（焼き時間30〜35分）　｜　❄ 解凍 あり

材料　2人分

[仕込み]
豚肩ロースブロック肉
　… 400g

A｛
はちみつ … 大さじ4
醤油麹 … 大さじ2
おろし生姜 … 1cm
味噌 … 小さじ1
オイスターソース
　… 小さじ1

仕込み

1　下味をつける

豚肩ロースブロック肉と
Aの調味料を全て保存袋に
入れる

▶冷凍保存

｜ 日持ち ／ 約1カ月 ｜

調理

1　解凍する

豚肩ロースブロック肉は前日夜に
冷蔵庫へ移し解凍する

2　焼く

オーブンを200℃に予熱

↓

200℃のオーブンで25分焼く。
保存袋に残った調味料液はとっておく

↓

オーブンから取り出し、焦げ目がついていたら
ひっくり返す。とっておいた調味料液をかけて
200℃で5〜10分こんがり焼き色がつくまで焼く
（オーブンによって焦げやすい場合は
アルミホイルをかけて焼く）

おすすめの副菜はサラダ（＞P40）＋の蓮根の梅海苔和え
（＞P74）＋Ⓑのミニトマトのカプレーゼ（＞P74）

ハニーマスタードチキン

はちみつたっぷり！甘くてクセになる

🕐 仕込み **5**分　|　🕐 調理**10**分　|　❄️ 解凍あり

材料　2人分

[仕込み]

鶏もも肉 … 2枚

A
- 粒マスタード … 大さじ1と½
- はちみつ … 大さじ3
- 醤油麹 … 大さじ½
- おろしにんにく … 小さじ1と½

⌄

[調理]

酒 … 大さじ1
オリーブオイル … 適量

仕込み

1　切る

鶏もも肉＞
余分な筋や脂肪を取り除き
ひと口大に切る

2　下味をつける

Aの調味料を保存袋へ入れて
揉み込む
▶冷凍保存

| 日持ち ／ 約1カ月 |

調理

1　解凍する

鶏もも肉は前日夜に冷蔵庫へ移し解凍する

2　焼く

フライパンにオリーブオイルをひき、
皮目から焼いていく
焼き目がついてきたらひっくり返して酒を入れ、
蓋をして蒸し焼きにする

おすすめの副菜は Ⓑ のミニトマトのカプレーゼ（＞P74）

| Saturday |

豚キムチ

下味冷凍でいつもより味が染み込む

🕐 仕込み **5**分 ｜ 🕐 調理 **10**分 ｜ ❄ 解凍 あり

材料　4人分

（翌日のパスタ分も含む）

[仕込み]

豚バラカルビ肉 … 400g
玉ねぎ … 1玉

A
├ キムチ … 200g
├ みりん … 大さじ3
└ 醬油麹 … 大さじ2

仕込み

1　切る

玉ねぎ＞スライス
豚バラカルビ肉＞
食べやすい大きさに切る

2　下味をつける

1とAを
保存袋に入れて揉み込む
▶冷凍保存

｜ 日持ち ／ 約1カ月 ｜

調理

1　解凍する

豚キムチは前日夜に
冷蔵庫へ移し解凍する

2　炒める

フライパンに油をひき、
1を炒める
（半分は翌日のパスタ分に残しておく）

おすすめの副菜は **C** のアボカドディップ（＞P74）

| Sunday |

キムチクリーム パスタ

また食べたい！と絶対に言われる大好評レシピ

🕐 仕込み なし ｜ 🕐 調理 **15**分 ｜ ❄ 解凍 なし

材料　2人分

[調理]
豚キムチの残り
パスタ … 200g
キムチ … お好みで追加

生クリーム … 200㎖
牛乳 … 100㎖

A
｜ 醤油麹orめんつゆ（4倍濃縮） … 大さじ1
｜ 塩こしょう … 少々
｜ パルメザンチーズ … 大さじ3

｜ 解凍後は冷蔵保存／約1〜2日 ｜

調理

1　茹でる

鍋にたっぷりのお湯を沸かし、
表示時間より1分短くパスタを茹でる

2　炒める

前日の残りの豚キムチを油（分量外）をひいた
フライパンで炒める

3　ソースを作る

2に生クリームと牛乳、
お好みでキムチを追加し、ひと煮立ちしたら弱火にする
↓
茹で上がったパスタを入れて絡め、
Aの調味料で味を調える

おすすめの副菜はサラダ（＞P40）

63

チャプチェ

まるでレトルトのような簡単さ

🕐 仕込み 10分 | 🕐 調理 15分 | ❄ 解凍 あり

材料　2人分

[仕込み]
豚こま肉（お好みで牛肉でも）
　　… 250g
ピーマン … 2個
人参 … 1/2本
玉ねぎ … 1/4玉

A {
砂糖 … 大さじ1
醤油麹 … 大さじ1
おろしにんにく … 小さじ1/2
オイスターソース … 大さじ1
塩・こしょう … 少々
}

[調理]
はるさめ（乾燥）… 100g

鶏ガラスープ … 200mℓ
ごま油 … 適量

仕込み

1　切る

ピーマン、人参＞千切り
玉ねぎ＞薄切り
豚こま肉＞食べやすい大きさに切る

2　下味をつける

1の材料とAの調味料を
全て保存袋へ入れる
▶冷凍保存

調理

1　解凍する

豚こま肉と野菜は前日夜に
冷蔵庫へ移し解凍する

2　炒める

ごま油をひき
1をフライパンで炒める
↓
豚こま肉の色が変わってきたら
フライパンの端に寄せ、
はるさめと鶏ガラスープを入れる
↓
はるさめがやわらかくなってきたら
水分がなくなるまで炒め、
仕上げにごま油をまわしかける

| 日持ち ／ 約1カ月 |

memo

お腹いっぱい食べたいのに、
市販のチャプチェは量が物
足りなくて作りました。は
るさめは水もどし不要！

おすすめの副菜は **D** のニラ玉（＞P74）＋わかめスープ

ブリ照り

2歳の息子からも大好評だった自信作

🕐 仕込み 10分 ｜ 🕐 調理 10分 ｜ ❄ 解凍 あり

材料　2人分

[仕込み]
ブリ（切り身）… 2切れ
生姜 … ½かけ

A
砂糖 … 大さじ1
みりん … 大さじ1
酒 … 大さじ1
醤油 … 大さじ1

仕込み

1　切る
生姜 ＞ 皮をむいて千切り

2　下処理
ブリに塩（分量外）を振り、
水分が出たらキッチンペーパーで
拭き取る

3　下味をつける
1と2、Aの調味料を全て
保存袋へ入れる
▶冷凍保存

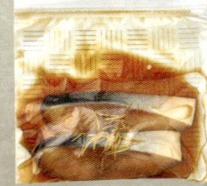

｜ 日持ち ／ 約1カ月 ｜

調理

1　解凍する
ブリは前日夜に冷蔵庫へ移し解凍する

2　焼く
調味料液ごと全てフライパンに入れ、
片面が焼けたら裏返し
ブリに火が通るまで焼く

> おすすめの副菜は🅔のじゃがいもと玉ねぎの煮物（＞P75）＋お味噌汁

やわらか手羽先

塩麹につけると骨付き肉もほろっとやわらか

🕐 仕込み **3**分 ｜ 🕐 調理 **10**分 ｜ ❄ 解凍 あり

材料　2人分

[仕込み]

手羽先 … 500g

A ┌ 塩麹 … 大さじ1
　└ こしょう … 少々

[調理]

B ┌ みりん … 大さじ2
　│ 醤油 … 大さじ2
　│ 酒 … 大さじ2
　│ おろしにんにく … 小さじ½
　└ 白ごま … 適量
片栗粉 … 大さじ3

仕込み

1　下味をつける

手羽先を保存袋に入れ、
Aの調味料で下味をつける
▶冷凍保存

｜ 日持ち ／ 約1カ月 ｜

調理

1　解凍する

手羽先は前日夜に冷蔵庫へ移し解凍する

2　衣をつける

保存袋に片栗粉を入れ、よく振って粉をまぶす

3　焼く

フライパンに多めの油（分量外）をひき、
2を入れ焼き目がつくまで蓋をして焼く

4　味付け

ひっくり返して反対面も焼き色がついたら
Bの調味料を入れて絡める

おすすめの副菜は**F**のカニカマおかかピーマン（＞P75）

| Thursday |

串カツ

母から教わった思い出の味

🕐 仕込み **15分** ｜ 🕐 調理 **10分** ｜ ❄ 解凍 **なし**

材料　2人分

[仕込み]

豚バラ肉（薄切り）… 300g

米粉（小麦粉）… 40g
水 … 90mℓ
パン粉 … 適量
塩・こしょう … 少々

⌄

[調理]

揚げ油 … 適量

仕込み

1　串に刺す

串に豚バラ肉をくるっと
ねじりながら刺し（P55参照）、
塩・こしょうで下味をつける

2　衣をつける

米粉を水で溶き
<u>1</u>を絡ませたらパン粉をつけて
形を整える
▶保存袋へ入れ冷凍保存

調理

1　揚げる

冷凍のまま170℃の揚げ油で
串カツを揚げる

｜ 日持ち ／ 約1カ月 ｜

おすすめの副菜は
Ⓖのささみときゅうりのごま和え（＞P75）＋お豆腐

| Friday |

ささみのごま焼き

モノトーンでささみをおめかし、食べると香ばしい

🕐 仕込み 10分 ｜ 🕐 調理 10分 ｜ ❄ 解凍 なし

材料　2人分

[仕込み]
ささみ … 4本
白ごま … 大さじ4
黒ごま … 大さじ4

塩麹 … 大さじ2
片栗粉 … 大さじ1

⌄

[調理]
ごま油 … 適量
A ｜ 醤油 … 大さじ1
　 ｜ みりん … 大さじ1

仕込み

1　下味をつける

ささみは筋を取り
厚みを均等にして
塩麹につける（15分以上）

2　衣をつける

ささみの両面に片栗粉をまぶし、
白黒それぞれのごまを
まんべんなくまぶす
▶1本ずつラップに包んで
　保存袋に入れ冷凍保存

｜ 日持ち ／ 約1カ月 ｜

調理

1　焼く

フライパンに少し多めのごま油を
ひき、ごまが焦げないように
冷凍のままささみを焼く

2　味付け

両面焼いたら、Aの調味料を
絡める

おすすめの副菜は
Ⓗの人参ツナサラダ（＞P75）

69

家カレー

ひと手間かけるだけで驚きの美味しさ

🕐 仕込み **10**分 | 🕐 作業時間 **15**分
（煮込み時間40分） | ❄ 解凍 あり

材料　8皿分

[仕込み]
豚バラブロック肉 … 600g
玉ねぎ … 2と1/2玉
人参 … 1本
塩・こしょう … 少々

[調理]
じゃがいも … 4個
ごはん … 好きなだけ

A ┤ おろしにんにく … 大さじ2
　 └ おろし生姜 … 大さじ2

オリーブオイル … 適量
水 … 500〜600㎖

B ┤ はちみつ … 大さじ3
　 │ ケチャップ … 大さじ1
　 │ ウスターソース … 大さじ1
　 └ ローリエ … 1枚

カレールウ … 1箱
塩 … 少々
ブラックペッパー … お好みで

仕込み

1　切る、すりおろす

玉ねぎ（1と1/2玉）、人参＞すりおろす
玉ねぎ（1玉）＞薄切り
▶それぞれ保存袋に入れ冷凍保存
豚バラブロック肉＞食べやすい大きさに切る

2　下味をつける

豚バラブロック肉に
塩・こしょうで下味をつける
▶保存袋に入れ冷凍保存

| 日持ち ／ 約1カ月 |

調理

1　解凍する

豚バラブロック肉とすりおろした野菜は
前日夜に冷蔵庫へ移し解凍する
（薄切りの玉ねぎは冷凍のまま）

2　切る

じゃがいもは皮をむき、
ひと口大に切って水にさらす

3　炒める

鍋の底が隠れる程度にオリーブオイルをひく
Aとおろした野菜、冷凍のままの玉ねぎを入れ、
塩を振って水分が飛ぶまでしっかり炒める
↓
水気を切ったじゃがいもを入れ、
縁が軽く透き通るまで炒める
↓
豚バラブロック肉を加えて炒める

4　煮込む

全体に肉の脂がまわったらBを加え、
ひたひたになるまで水を入れる
蓋をしてじゃがいも以外の野菜がトロッとするまで煮込む
（アクが出たら取る）

5　カレールウを入れる

4にカレールウとお好みで
ブラックペッパーを入れ、味を調える

> おすすめ副菜は**G**のささみときゅうりのごま和え（＞P75）

| Sunday |

鮭のホイル焼き

しっかり味でごはんがすすむ

🕐 仕込み **10**分 ｜ 🕐 作業時間 **5**分(焼き時間30分) ｜ ❄ 解凍 あり

材料　2人分

[仕込み]
鮭（切り身）… 2切れ
玉ねぎ … ⅙玉
まいたけ … ½パック

塩・こしょう … 少々

⌄

[調理]
A ┌ マヨネーズ … 大さじ2
　└ おろしにんにく … 小さじ1
醤油 … 大さじ1

仕込み

1　下処理

鮭に塩・こしょうをして、
水分が出てきたら
キッチンペーパーで軽くおさえる

2　切る

玉ねぎ＞薄切り
まいたけ＞食べやすい大きさにさく

3　包む

ラップを広げ、
1人分ずつ
1と**2**をのせて
包み保存袋へ
入れる

▶冷凍保存

｜ 日持ち／約1カ月 ｜

調理

1　解凍する

鮭と野菜は前日夜に
冷蔵庫へ移し解凍する

2　ソースを作る

アルミホイルに**1**をのせ、
合わせたAと醤油をかけて
1人分ずつ包む

3　焼く

280℃のオーブンで25〜30分、
魚グリルなら中火で25分焼く

┌─────────────────────┐
│ おすすめの副菜は │
│ Ⓗの人参ツナサラダ（＞P75）│
└─────────────────────┘

2 週間ストックレシピ 1ターン目におすすめの副菜

A 蓮根の梅海苔和え　何度もリピする推し副菜

材料　3～4人分

蓮根 … 15～20cm
醤油麹…大さじ1と½
はちみつ梅（小粒）…4粒
海苔（全形）…1枚
鰹節…小分けパック1袋（3g）

調理

1　蓮根をスライスしさっと茹でる
2　はちみつ梅は種を取り除いて叩き、海苔は適当な大きさにちぎる
3　全ての材料を合わせて和える

B ミニトマトのカプレーゼ　おもてなしの一品にも

材料　3～4人分

ミニトマト … 1パック
ひと口モッツァレラチーズ
　　… 1パック
塩・こしょう … 少々
はちみつ … 好きなだけ
ローズマリーなど … お好みで

調理

1　ミニトマトの半量を
　　½サイズにカットする
2　全ての材料を合わせて和える

C アボカドディップ　韓国海苔の塩気が最高

材料　2人分

アボカド…1個
玉ねぎ … ⅙玉
A｜マヨネーズ … 大さじ1
　｜醤油麹 … 小さじ½
　｜塩 … ひとつまみ
クリームチーズ … 30g
韓国海苔 … 8枚

調理

1　アボカド>角切り、玉ねぎ>みじん切り
2　電子レンジに数秒かけてやわらかくした
　　クリームチーズと1、Aの調味料を混ぜ、
　　韓国海苔を添える

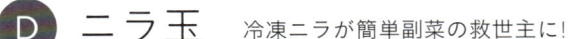

D ニラ玉　冷凍ニラが簡単副菜の救世主に！

材料　2人分

ニラ（冷凍でもOK）… ½束
卵 … 2個
A｜鶏ガラスープの素
　｜　… 小さじ½
　｜醤油麹 … 小さじ½
ごま油 … 適量

調理

1　フライパンにごま油をひき中火～強火で
　　ニラを炒める（冷凍なら解凍なしでOK）
2　ニラがしなっとしはじめたら、Aで味付
　　けた溶き卵を流し入れ半熟になったら火
　　を止める

じゃがいもと玉ねぎの煮物　定番おかずを我が家流に

材料　3〜4人分

じゃがいも … 3個
玉ねぎ … ½〜1玉
砂糖 … 大さじ1
みりん … 大さじ1
だしパック … 1袋
醤油麹 … 大さじ2

調理

1　じゃがいも＞乱切り（水にさらす）
　　玉ねぎ＞薄切り
2　小鍋に油（分量外）をひいて1を炒め、じゃがいもの縁が透き通ってきたら水をヒタヒタに入れる
3　調味料を全て入れ落とし蓋をして煮る
　　15分経ったら軽く混ぜ味が染みるまで冷ます

カニカマおかかピーマン　ピーマン嫌いもトリコにします

材料　2人分

ピーマン … 3個
カニカマ … 70g
A｜めんつゆ（4倍濃縮）… 小さじ2
　｜白ごま … 適量
鰹節 … 1.5g
ごま油 … 適量

調理

1　ピーマン＞千切り
　　カニカマ＞さく
2　ごま油をひいたフライパンで1を炒め、しんなりしたらAの調味料を入れ炒める
　　ごま油をまわしかけ、鰹節をかける

ささみときゅうりのごま和え　無限に食べられるとはこれのこと

材料　4人分

ささみ … 3本
きゅうり … 1本
酒 … 大さじ1
塩 … ひとつまみ
ごまドレッシング … 大さじ3
醤油麹 … 小さじ1
白ごま … 適量

調理

1　沸騰したお湯に酒を入れ、ささみを茹で、冷ます
2　千切りしたきゅうりを塩揉みし、水分を絞る
3　ささみはほぐし、全ての材料を和えて冷蔵庫でよく冷やす

人参ツナサラダ　粗めのチーズおろしで人参をスライス

材料　3〜4人分

人参 … 1本
ツナ缶 … 1缶
マヨネーズ … 大さじ2
醤油麹 … 小さじ1

調理

1　人参をチーズおろし（またはスライサー）で千切りにし、ツナ缶はオイルを捨てる
2　全ての材料を合わせて和える

料理がより美味しく見えるお気に入りの器たち

① arcorocの花のボウル

大好きなおばあちゃんの形見分けでもらった、とても大切にしているお気に入り。オードリー・ヘップバーンに似ていると自分で言って、いつもマニキュアと香水をつけていたおしゃれなおばあちゃん。思い出の詰まった宝物です。

② マットグレーの皿

今回の撮影で出会いました。マットなお皿はハードルが高いと思っていましたが、色や質感が上質なだけでこんなにもお料理の見え方がおしゃれになるのかと感動しました。お料理は目からも楽しめるとはこのこと！

③ 器彩人　飛白プレート

ヒビ加工が美しく、何をのせてもお料理を引き立ててくれる優れたデザイン。大皿は一枚持っておくと、おもてなしにも使いやすくて重宝します。風合いがあって素敵なのに、食洗機にかけられるという扱いやすさも高ポイント。

④ 小倉夏樹さん作の鎬丸鉢

会社の先輩が選んでくれた丸鉢。鎬（しのぎ）という技法を使い「お料理が映えるように」との思いが込められているそう。デザインが素敵なのはもちろん、そういった人々の想いや背景が何よりも魅力的に感じます。

⑤ 無印良品の丼

麺類もごはん物も、入れるだけで様になる
使い勝手抜群の丼。主張しないデザインで、
煮物を盛ってもいいところも好き。使うの
がもったいないような器も素敵だけれど、
お手頃で登場回数が多いものは、愛着もひ
としお。

⑥ カラーガラスの器

一人暮らしを始めてすぐの20代の頃にひと
目惚れした器。70sっぽいアンバーガラスの
雰囲気がレトロなのに新しくて、おしゃれ
なカフェに憧れていた当時、サラダを盛っ
て朝ごはんを食べたい！と購入しました。

⑦ 安藤雅信さん作のお皿

余白を演出してくれるリムのお皿。こちら
はスタイリストさんが用意してくださった
器の中で一番のお気に入りでした。シンプ
ルでどんな料理にも合ううえに人の手にな
じむ温かさがあり、手作りの風合いがとっ
ても素敵。

STEP 0 メニュー決め

2ターン目 **2週間ストックレシピの
メニューはこれ！**

Mon. /

ジェノバクリーム
グラタン

Tue. /

豚しゃぶ

Wed. /

タラの海苔しお
パン粉焼き

Thu. /

甘酢唐揚げ

Fri. /

ビビンパ

Sat. /

キーマカレー

Sun. /

キーマカレーナチョス

揚げたり煮込んだり手間がか
かりそうな印象のメニューも
ありますが、仕込みは意外と
簡単なものばかり。失敗しが
ちな煮付けや煮込みも、冷凍
ストックしておくと短時間の
調理でも味がしっかり染み込
んでいます。

Mon. ／

25年作り続ける
ハンバーグ

Tue. ／

さっぱり手羽元

Wed. ／

レモンチキンステーキ

Thu. ／

エビの純豆腐

Fri. ／

カレイの煮付け

Sat. ／

豚バラトマト煮込み

Sun. ／

ねぎ塩豚

献立の立て方の工夫

献立を考えるのに慣れてきたら、スーパーで安いお肉やお魚を中心に2週間分を想定してバーッと購入します。その場で献立が決まればあわせて野菜を購入しますが、多くは使い勝手のいいものや季節の安いものを適当に買ってきて、献立を決めることが多いです。

仕込み前日

2週間分の食材を一気に買い出し

野菜

玉ねぎ	4玉	428円
きゅうり	1本	67円
人参	2本	213円
豆もやし	1/2袋	81円
ほうれん草	1/2袋	138円
なす	1本	67円
エリンギ	2本	105円
パプリカ	1個	138円
ミニトマト	お好みで	305円
アボカド	お好みで	106円
レモン	1/2個	278円
生姜	2かけ	108円
ねぎ（青い部分2本分、白い部分20cm）	1と1/2本	298円
白菜	1/4カット	213円
しめじ	1株	105円
ニラ	1/2束	105円
ひよこ豆	1袋（50g）	156円
にんにく	1個	105円

肉・魚

エビ	8〜10尾	645円
豚ロース肉（薄切り）	250g	318円
タラ（切り身）	2切れ	229円
鶏もも肉	4枚	1184円
牛こま肉	200g	643円
合挽きミンチ	600g+300g	970円
手羽元	10本	373円
有頭エビ	6尾	692円
あさり（水煮缶）	1缶	376円
カレイ（切り身）	2切れ	645円
豚バラブロック肉	400g	431円
豚ロース肉（厚切り）	2枚	784円

その他

マカロニ（早茹で）	70g	120円
牛乳	300ml＋100ml	213円
ジェノベーゼソース（大葉のジェノベーゼソース）	大さじ3	537円
食べるラー油	お好みで	335円
アーモンド	5〜10粒くらい	127円
青海苔	大さじ1	138円
キムチ	180g＋適量	192円

このリストどおりに買ってもいいですが、たとえばカレイがなかったらヒラメで代用したり、お好みでトッピングするものは省略したりしてもOK。冷蔵庫の中身やストックと相談してリストを作ってみてください。

たくあん	お好みで	223円
温泉卵	お好みで（2個）	162円
カレー粉（おすすめはS＆B赤缶）	大さじ2	233円
カレールウ（おすすめは甘口）	½箱	235円
トルティヤチップス（プレーン又は塩味がおすすめ）	1袋	105円
焼き豆腐	1丁	108円
トマトピューレ	150g	182円

常備食材・調味料

- □ 醬油麹・醬油
- □ 塩麹
- □ だしパック
- □ 塩・こしょう（ブラックペッパー）
- □ コンソメ（顆粒）
- □ パン粉
- □ 酒
- □ みりん
- □ 砂糖
- □ はちみつ
- □ 酢
- □ 味噌
- □ コチュジャン
- □ 鶏ガラスープの素
- □ 白ごま
- □ ごま油
- □ オリーブオイル
- □ 揚げ油（米油）
- □ 焼肉のたれ
- □ ウスターソース
- □ オイスターソース
- □ ケチャップ
- □ おろしにんにく
- □ おろし生姜
- □ 米粉（小麦粉）
- □ バター
- □ 片栗粉
- □ ローリエ
- □ ごはん
- □ 韓国海苔
- □ シュレッドチーズ
- □ 卵

合計 **13,216** 円 でした！

※分量は実際に使用する量、価格は購入時の参考（税込）。
　材料は大人2人分。キーマカレーは6皿＋ナチョス分。
※副菜分は含みません。

week 1

week 2

Mon.

Mon.

Tue.

Tue.

Wed.

Wed.

Thu.

Thu.

Fri.

Fri.

Sat.

Sat.

Sun.

Sun.

仕込み当日

2週間分まとめて
野菜の下処理をする

冷凍する野菜の下処理

キーマカレーは野菜をたっぷり入れると
美味しく仕上がります。
余ったねぎはトッピングにしたり
副菜や汁ものに回して。

week 1

Mon. ジェノバクリームグラタン

玉ねぎ（½玉）を薄切りにする

Tue. 豚しゃぶ

下処理なし

Wed. タラの海苔しおパン粉焼き

下処理なし

Thu. 甘酢唐揚げ

下処理なし

Fri. ビビンパ

1 人参（½本）を千切りにする
2 もやし（½袋）と人参、ほうれん草（½袋）は下茹でして水分をよく切る
3 ほうれん草は3cmにザク切り

Sat. キーマカレー

玉ねぎ（1玉）、人参（½本）、なす（1本）、エリンギ（2本）、パプリカ（1個）をみじん切りにする

Sun. キーマカレーナチョス

下処理なし

week 2

Mon. 25年作り続けるハンバーグ

1 玉ねぎ（1玉）をみじん切りにする
2 飴色になるまで炒める

Tue. さっぱり手羽元

ねぎの青い部分（1本分）を切る

Wed. レモンチキンステーキ

レモン（½個）を輪切りにする

Thu. エビの純豆腐

1 白菜（¼カット）とニラ（½束）はザク切り、人参（½本）は輪切りにする
2 しめじ（½株）は石づきをとってほぐす

Fri. カレイの煮付け

ねぎの青い部分（1本分）を切る

Sat. 豚バラトマト煮込み

1 玉ねぎ（½玉）はくし切りにする
2 しめじ（½株）は石づきをとってほぐす

Sun. ねぎ塩豚

ねぎ（20cm）をみじん切りにする

＞ 次ページの（肉・魚の下処理）に続く

肉・魚の下処理から
味付け、冷凍までを一気に

| week 1 |

Mon. ジェノバクリームグラタン（P88）

1 エビ（8〜10尾）は背ワタを取りひと口大に切る

2 フライパンにバター（20g）を溶かし、
1と玉ねぎを入れ塩・こしょう（少々）をして炒める

3 米粉（20g）を牛乳（300㎖）で溶き、ダマ
にならないようよく混ぜる

4 2にマカロニ（70g）と3を入れ、マカロ
ニがやわらかくなるまで火を通す

5 とろみがついたら4にコンソメ（小1）、ジ
ェノベーゼソース（大3）を入れ味を調える

6 耐熱皿へ移し、シュレッドチーズとパン
粉を各適量のせ、冷めたら冷蔵保存（冷
凍保存可）

Tue. 豚しゃぶ（P90）

1 豚ロース肉（250g）を食べやすい大き
さに切り、保存袋に入れ冷凍保存

Wed. タラの海苔しおパン粉焼き（P91）

1 タラ（2切れ）を塩麹（大1）につけ、
15分以上おく

2 1の両面に青海苔（大1）を混ぜたパ
ン粉（50g）をまぶし、保存袋に入れ
冷凍保存

Thu.　甘酢唐揚げ（P92）

1 鶏もも肉（2枚）を食べやすい大きさに切る

2 1を保存袋へ入れ、おろしにんにく（小1）、塩・こしょう（少々）、酒（大1）で下味をつけ冷凍保存

Fri.　ビビンパ（P93）

1 牛こま肉（200g）をごはんに混ぜやすいよう細かく切る

2 1と焼肉のたれ（大2と½）、コチュジャン（小½）、酒（大1）を保存袋に入れ冷凍保存

Sat.　キーマカレー（P94）

1 フライパンにオリーブオイルをたっぷりひき、おろしにんにくとおろし生姜（各大1）を炒める

2 1にみじん切りにした野菜を全て入れ、塩（少々）を振って炒める

3 野菜がしんなりしてきたら、合挽きミンチ（600g）とはちみつ、ケチャップ（各大3）、ローリエ（1枚）、ブラックペッパー（少々）を入れ炒める

4 肉に火が通ったらカレー粉（大さじ2）とカレールウ（½箱）を入れ、ひと煮立ちするまで炒める

5 冷めたら4等分にして保存袋へ入れ冷凍保存（冷蔵保存可）

Sun.　キーマカレーナチョス（P95）

下処理なし

＼ 前日のアレンジレシピ ／

＞

week 2

Mon.
25年作り続けるハンバーグ（P96）

1. みじん切りにした玉ねぎを
   飴色になるまで炒める
2. 合挽きミンチ（300g）と<u>1</u>を
   それぞれ保存袋に入れ冷凍保存

Tue.
さっぱり手羽元（P98）

1. 手羽元（10本）は骨に沿って
   ハサミで切り込みを入れる
2. <u>1</u>と千切りにした生姜（1かけ）、
   ねぎの青い部分（1本分）、砂糖、醤油
   （各大2）、酢（大4）、酒（大1）を保存
   袋に入れ、下味をつけて冷凍保存

Wed.
レモンチキンステーキ（P99）

1. 鶏もも肉（2枚）は余分な筋や脂を
   取り除き、分厚い部分は切って
   均等な厚さにする
2. <u>1</u>と輪切りにしたレモン（½個）、
   塩麹（大2）、おろしにんにく（小½）、
   ブラックペッパー（適量）を
   全て保存袋に入れ、下味をつけて
   冷凍保存

Thu.　エビの純豆腐（P100）

1 有頭エビ（6尾）は頭と尾を残し、
殻をむいて背ワタを取り除いたら
保存袋へ入れ冷凍保存

Fri.　カレイの煮付け（P102）

1 カレイ（2切れ）は洗って塩（少々）を
振り、皮目に十字の切り込みを入れる
水分が出てきたらキッチンペーパーで
軽くおさえる

2 1と薄切りにした生姜、ねぎの青い部分、
砂糖（大2）、醤油麹（大3）、酒（100㎖）、
みりん（50㎖）を保存袋へ入れ
下味をつけて冷凍保存

Sat.　豚バラトマト煮込み（P104）

1 豚バラブロック肉（400g）
を1㎝厚に切り保存袋に入れ、
塩麹（大1）で下味をつけ冷凍保存

Sun.　ねぎ塩豚（P105）

1 豚ロース肉（2枚）は
筋の部分に切り込みを入れる

2 1とみじん切りにしたねぎ、
塩麹（大1）、鶏ガラスープの素、
おろしにんにく（各1）、ごま油（大1）を
保存袋に入れ下味をつけ冷凍保存

ジェノバクリーム
グラタン

仕込んでおけば当日は焼くだけでOK

🕐 仕込み **20**分 | 🕐 作業時間 **5**分（焼き時間10〜25分）| ❄ 解凍 なし

材料　2人分

[仕込み]
玉ねぎ … 1/2玉
エビ … 8〜10尾
マカロニ（早茹で）… 70g
シュレッドチーズ … 適量
パン粉 … あれば

A｜米粉（小麦粉）… 20g
　｜牛乳 … 300㎖
バター … 20g
塩・こしょう… 少々
B｜コンソメ（顆粒）… 小さじ1
　｜ジェノベーゼソース
　｜（バジルでも大葉でも可。
　｜P37参照）
　｜… 大さじ3

仕込み

1　切る

玉ねぎ＞薄切り
エビ＞背ワタを取りひと口大に切る

2　炒める

熱したフライパンにバターを溶かし、
1を入れ塩・こしょうをして炒める
↓
Aをダマがなくなるまでよく混ぜ、
エビの色が変わってきたら入れる
↓
マカロニを入れてやわらかくなるまで
ダマにならないように加熱する
とろみがついたらBを入れて
味を調える

3　盛り付ける

耐熱皿へ移し、シュレッドチーズと
あればパン粉もトッピングする
▶冷めたら蓋（またはラップ）をして冷蔵保存

調理

1　温める

電子レンジで温め（600W 2分半〜3分）、
トースターに入れ表面をこんがりさせる
（冷凍の場合は解凍なし、200℃に
予熱したオーブンで25分）

| 日持ち ／ 冷蔵約2日
冷凍2〜3週間 |

○
memo

冷凍のまま焼くときは、温
度差が激しいので必ず耐熱
の丈夫なお皿を使用。ない
場合はレンジ解凍推奨です。

おすすめの副菜は🅐の
かぼちゃサラダ（＞P106）＋サラダ（＞P40）

| Tuesday |

豚しゃぶ

カリッとアーモンドがアクセント

🕐 仕込み 5分 ｜ 🕐 調理 15分 ｜ ❄ 解凍 あり

材料　2人分

[仕込み]
豚ロース肉（薄切り）… 250g
玉ねぎ … 1玉

[調理]
酒 … 大さじ1

A ｛
　ごま油 … 大さじ2
　醤油麹 … 小さじ2
　だしパック（袋をやぶる）
　　… 1袋
｝
（Aはお好みのドレッシングでも
代用可）

塩 … ひとつまみ
アーモンド … 5〜10粒くらい
きゅうり … 1本
食べるラー油 … お好みで

おすすめの副菜は Ⓑ の大根サラダ（＞P106）

仕込み

1　切る

玉ねぎ＞薄切り
水にさらし、水分をよく切る
▶冷蔵保存

豚ロース肉＞食べやすい
大きさに切る
▶保存袋に入れ冷凍保存

｜日持ち ／ 約1カ月 ｜

調理

1　解凍する

豚ロース肉は前日夜に冷蔵庫へ移し、
解凍する

2　切る

きゅうり＞千切り
塩揉みをして水気を絞る

3　茹でる

鍋にお湯を沸かし、沸騰したら
酒を入れ火を止める
↓
豚ロース肉をお湯にくぐらせ、
余熱で色が変わったら
ざるにあげて水気を切る

4　和える

玉ねぎと 2 と 3、Aの調味料を和える
器に盛り、砕いたアーモンドと
お好みで食べるラー油をのせる

| Wednesday |

タラの海苔しおパン粉焼き

海苔しおで和風のパン粉焼きに

🕐 仕込み **20**分（作業時間5分） ｜ 🕐 調理 **15**分 ｜ ❄ 解凍 なし

材料　2人分

[仕込み]
タラ（切り身）… 2切れ

塩麹 … 大さじ1
パン粉 … 50g
青海苔 … 大さじ1

⌄

[調理]
オリーブオイル … 大さじ2

仕込み

1　下味をつける

タラを塩麹につけ、15分以上おく

2　衣をつける

青海苔を混ぜたパン粉をまぶす
裏面も同様にして保存袋へ
入れる
▶冷凍保存

｜ 日持ち ／ 約1カ月 ｜

調理

1　焼く

冷凍のまま魚グリルに入れ、
オリーブオイルを
大さじ1ずつ表面に
かけたら表面がカリッと
きつね色になるまで焼く

おすすめの副菜は のかぼちゃサラダ（＞P106）＋サラダ（＞P40）

| Thursday |

甘酢唐揚げ

ベトベトにして食べて！　夫がやみつきの甘酢だれ

🕐 仕込み **5**分　|　🕐 調理 **20**分　|　❄ 解凍 あり

材料　2人分

[仕込み]
鶏もも肉 … 2枚

おろしにんにく … 小さじ1
塩・こしょう … 少々
酒 … 大さじ1

⌄

[調理]
片栗粉 … 適量

A ｜ 砂糖 … 大さじ3
｜ 酢 … 大さじ3
｜ 醤油 … 大さじ2
｜ みりん … 大さじ2

揚げ油 … 適量

仕込み

1　切る
鶏もも肉＞食べやすい
大きさに切る

2　下味をつける
1とおろしにんにく、
塩・こしょう、酒を保存袋に
入れて味をなじませる
▶冷凍保存

| 日持ち ／ 約1カ月 |

調理

1　解凍する
鶏もも肉は前日夜に冷蔵庫へ移し、
解凍する
ドリップが出たら捨てておく

2　揚げる
1に片栗粉をまぶし、180℃の揚げ油で
きつね色になるまで揚げる（二度揚げ
推奨）

3　たれと絡める
Aを全て混ぜてフライパンで煮詰め、
2を入れて絡める

おすすめの副菜は**B**の大根サラダ（＞P106）

材料　2人分

[仕込み]
牛こま肉 … 200g
人参 … ½本
豆もやし … ½袋
ほうれん草 … ½袋

A
焼肉のたれ … 大さじ2と½
コチュジャン … 小さじ½
酒 … 大さじ1
塩 … 少々

[調理]
ごはん…2杯
塩…少々
白ごま…適量
ごま油…大さじ3

塩…少々
ごま油…大さじ3

B
キムチ…適量
たくあん…お好みで
温泉卵…お好みで

ビビンパ

巻かないキンパは別名ビビンパ？

🕐 仕込み 20分　|　🕐 調理 15分　|　❄ 解凍あり

調理

1　解凍する
牛こま肉は前日夜に冷蔵庫へ移し、
解凍する
ほうれん草はキッチンペーパーの上に並べ、
解凍しながら水分を切っておく

2　炒める
もやし、人参は冷凍のままフライパンで
炒める

余計な水分を飛ばしたら、塩とごま油を
混ぜてナムルを作る
↓
ナムルを取り出し、油（分量外）をひいて
牛こま肉を炒める

3　盛り付ける
ごはんに塩、白ごま、ごま油を混ぜる
ほうれん草とBの具材を全てのせる

仕込み

1　切る
人参＞千切り
ほうれん草＞3cmにザク切り
牛こま肉＞ごはんに混ぜやすいよう細かく切る

2　茹でる
豆もやしと人参、ほうれん草は
下茹でをして水分を切り
それぞれ保存袋へ入れる
▶冷凍保存

3　下味をつける
牛こま肉とAの調味料を
保存袋へ入れる
▶冷凍保存

| 日持ち ／ 約2週間 |

| 日持ち ／ 約1カ月 |

おすすめの副菜は C のきゅうり塩昆布（＞P106）

93

キーマカレー

お店の味！と褒められる本格派

🕐 仕込み 30分　｜　🕐 調理 5分　｜　❄ 解凍 あり

材料

6皿+ナチョス分

[仕込み]

合挽きミンチ … 600g
なす … 1本
エリンギ … 2本
パプリカ … 1個
人参 … ½本
玉ねぎ … 1玉

おろしにんにく … 大さじ1
おろし生姜 … 大さじ1
塩 … 少々

A
ローリエ … 1枚
はちみつ … 大さじ3
ケチャップ … 大さじ3
ブラックペッパー … 少々

カレー粉（S&B赤缶）… 大さじ2
カレールウ（甘口）… ½箱
オリーブオイル … たっぷり

ごはん … 好きなだけ
ゆで卵 … お好みで
アボカド … お好みで
ミニトマト … お好みで

仕込み

1　切る

なす、エリンギ、パプリカ、
人参、玉ねぎ＞みじん切り

2　炒める

フライパンの底が見えなくなるくらい
オリーブオイルをひき、おろしにんにくと
おろし生姜を香りが出るまで炒める
↓
野菜を全て入れ、塩を少し強めに振って炒める
↓
野菜がしんなりしてきたら合挽きミンチと
Aの調味料を入れて炒める

合挽きミンチに火が通ったら
カレー粉とカレールウを入れて
ひと煮立ちさせる

▶冷めたら小分けにして
保存袋に入れ冷凍保存

｜ 日持ち ／（約1カ月/冷蔵庫で約3日）｜

調理

1　解凍する

電子レンジで解凍する（600W 2〜3分）
（フライパンで炒め直すとさらに美味しい）

おすすめの副菜は**C**のきゅうり塩昆布（＞P106）と**D**の人参と豆もやしのナムル（＞P107）

キーマカレーナチョス

カレー2日目も全力で楽しめる

⏱ 仕込みなし　|　⏱ 調理 15分　|　❄ 解凍 あり

材料　2人分

[調理]
キーマカレーの残り
トルティヤチップス
　（プレーンor塩味）… 1袋
シュレッドチーズ … 適量

パセリ、アボカド、
ミニトマト、
ブラックペッパーなど
　… お好みで

調理

1　材料を入れる

オーブンやスキレットに
トルティヤチップスを入れる
↓
キーマカレーは電子レンジで解凍し、
トルティヤの上にのせる。
お好みでアボカド、
シュレッドチーズなどを
好きなだけのせる

2　焼く

1を予熱した250℃のオーブンに
入れ5〜10分焼く
お好みでアボカドやミニトマト、
パセリ、ブラックペッパーなどを
トッピング

オーブンを使用しない場合
キーマカレーは
シュレッドチーズをのせ
レンジで温める。チーズが
溶けたらトルティヤチップスの
上にのせて、お好みでアボカド
などをトッピング。
トースターでこんがり焼くと
美味しさUPでおすすめ

2week recipe | Sunday

おすすめの副菜はサラダ（＞P40）

95

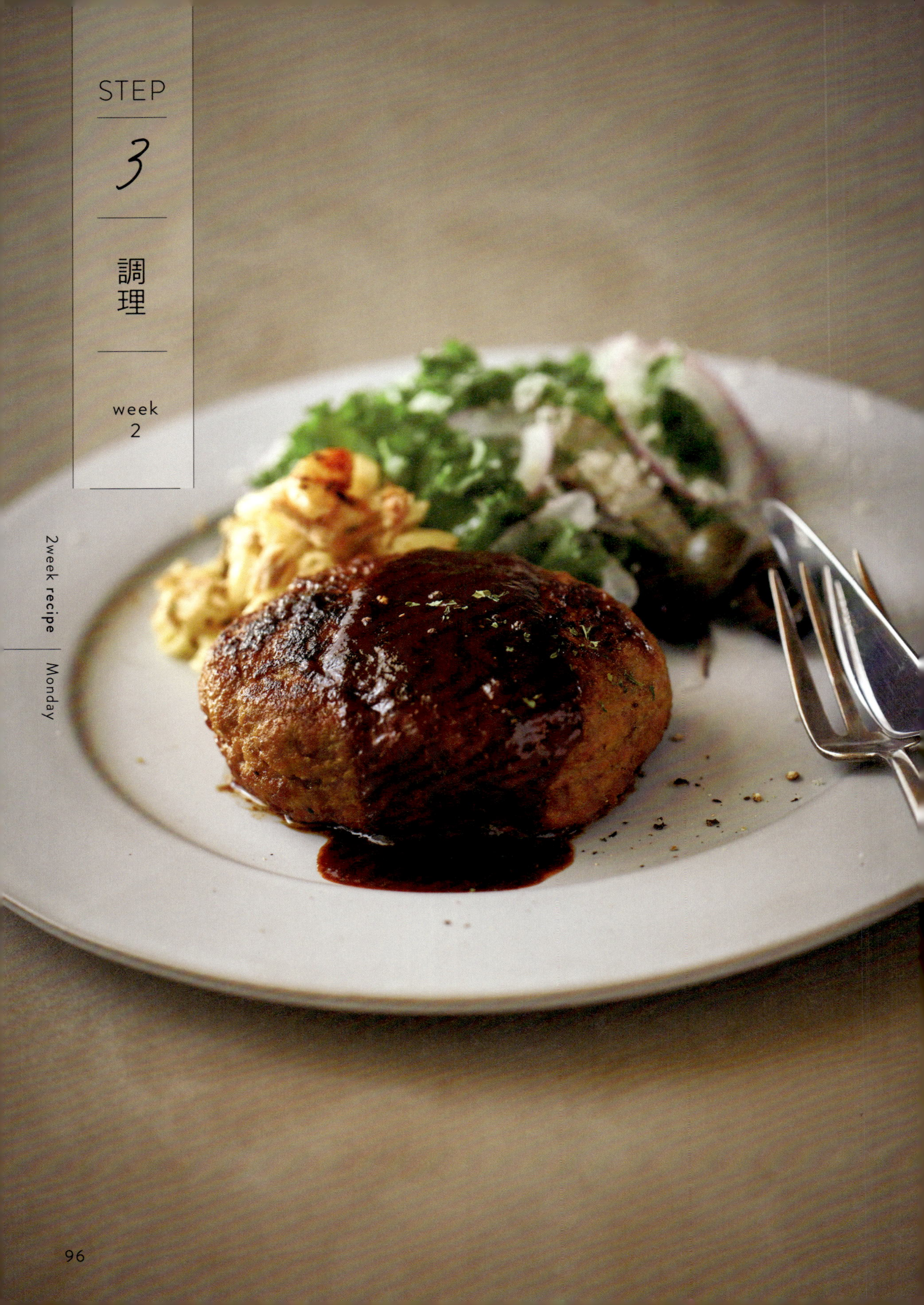

STEP

3

調理

week
2

25年作り続ける ハンバーグ

お料理を始めたきっかけはこのハンバーグでした

🕐 仕込み **30**分 | 🕐 作業時間 **25**分（冷蔵庫で2〜3時間） | ❄️ 解凍 あり

材料　2人分

[仕込み]
合挽きミンチ … 300g
玉ねぎ … 1玉

[調理]
パン粉 … ½カップ
牛乳 … 100㎖

A
　卵…1個
　塩・こしょう … 少々
　おろしにんにく
　　… 大さじ1と½
　ケチャップ … 大さじ1
　醤油麹 … 大さじ1
バター … 20g
酒 … 大さじ2

B
　ケチャップ … 大さじ2
　ウスターソース … 大さじ2
　砂糖 … 大さじ1
油 … 適量

memo

お料理上手な伯母から25年前に習ったハンバーグ。当時のことはとても楽しく鮮明に覚えていて、思い出と共に大切なレシピです。

仕込み

1　切る

玉ねぎ>みじん切り

2　炒める

油をひいたフライパンで
1を飴色になるまで炒める
▶冷めたら保存袋に入れ
冷凍保存

3　冷凍する

合挽きミンチを
保存袋に入れる
▶冷凍保存

| 日持ち ／ 約1カ月 |

おすすめの副菜は🅴の
マカロニサラダ（>P107）
＋サラダ（>P40）

調理

1　解凍する

合挽きミンチと玉ねぎは前日夜に
冷蔵庫へ移し、解凍する

2　混ぜる

パン粉は牛乳に浸しておく
ボウルに1とAを全て入れ、よく混ぜる
↓
電子レンジ（200W）で様子を
見ながらバターを溶かして混ぜる

3　成形する

成形して冷蔵庫で2〜3時間寝かせる
寝かせると旨みがアップし
焼き崩れにくくなる

4　焼く

フライパンに油（分量外）をひいて
3を焼き、焼き色がついてきたら
ひっくり返し酒を入れて蓋をする
はじめは中火、焼けて音が変わって
きたら中火に近い弱火がおすすめ
竹串を刺して肉汁が透明になって
いれば焼き上がり

5　ソースを作る

4をお皿に移す
そのままのフライパンへ
Bの調味料を入れソースを作る

| Tuesday |

さっぱり手羽元

簡単！ フライパンへ入れたら完成

🕐 仕込み **10**分　|　🕐 調理 **10**分　|　❄ 解凍 あり

材料　2人分

[仕込み]
手羽元 … 10本
生姜 … 1かけ
ねぎ（青い部分）… 1本分

A
砂糖 … 大さじ2
酢 … 大さじ4
醤油 … 大さじ2
酒 … 大さじ1

仕込み

1　切る

生姜＞皮をむいて千切り
手羽元＞骨に沿ってハサミで
縦に切り込みを入れる
ハサミを入れるとお肉が剥がれ
て食べやすくなる

2　下味をつける

1とAの調味料、ねぎを
全て保存袋へ入れ
▶冷凍保存

調理

1　解凍する

手羽元は前日夜に冷蔵庫へ移し
解凍する

2　煮込む

1を全てフライパンに入れ、
火が通るまで煮込む

おすすめの副菜は Ⓔ のマカロニサラダ（＞P107）

| 日持ち ／ 約1カ月 |

| Wednesday |

レモンチキンステーキ

レモンの酸味でさっぱり食べられる

🕐 仕込み **5**分 ｜ 🕐 調理 **15**分 ｜ ❄ 解凍 あり

材料　2人分

[仕込み]
鶏もも肉 … 2枚
レモン … 1/2個

A
塩麹 … 大さじ2
おろしにんにく … 小さじ1/2
ブラックペッパー … 適量

⌄

[調理]
オリーブオイル … 適量

仕込み

1　切る
レモン＞輪切り

2　下処理
鶏もも肉は余分な筋や脂肪を
取り除き分厚い部分は切って
均等な厚みにする

3　下味をつける
1と2、Aの
調味料を全て保存袋に入れる
▶冷凍保存

｜日持ち／約1カ月｜

調理

1　解凍する
鶏もも肉とレモンは
冷蔵庫へ移し解凍する

2　焼く
鶏もも肉はキッチンペーパーで
余分な塩麹を拭き取り、
オリーブオイルをひいた
フライパンに皮目から
押しつけてパリッと焼く
↓
裏返してレモンと一緒に
火が通るまで焼く

おすすめの副菜はサラダ（＞P40）

エビの純豆腐

エビのおだしたっぷりでエビ好きにはたまらない

🕐 仕込み **10**分 | 🕐 調理 **20**分 | ❄ 解凍 なし

材料　2人分

[仕込み]

A
| 白菜 … ¼カット
| 人参 … ½本
| しめじ … ½株

ニラ … ½束

有頭エビ … 6尾

[調理]

焼き豆腐 … 1丁

あさり（水煮缶）… 1缶

キムチ … 180g

鶏ガラスープ … 500㎖

B
| おろしにんにく … 小さじ1
| コチュジャン … 小さじ1
| オイスターソース … 大さじ1
| 味噌 … 大さじ2
| みりん … 大さじ2

ごま油 … 大さじ2

仕込み

1　切る

白菜＞ザク切り

人参＞輪切り

しめじ＞石づきをとってほぐす

ニラ＞ザク切り

▶保存袋に入れて冷凍保存

| 日持ち ／ 約1カ月 |

2　下処理

有頭エビは頭と尾を残し、
殻をむいて背ワタを取り除き
保存袋に入れる

▶冷凍保存

| 日持ち ／ 2〜3週間 |

調理

1　煮る

Aの野菜と鶏ガラスープを
鍋に入れて煮る

↓

焼き豆腐、あさり（汁ごと）、
キムチ、Bの調味料を
全て入れる

↓

有頭エビ、ニラを入れて
火が通ったらごま油を
まわしかける

---

memo

締めにラーメンもいいけれ
ど、スープが余った翌朝は
卵とごはん、ねぎ、海苔、
チーズを入れて雑炊アレン
ジも

おすすめの副菜は **F** のたけのこのきんぴら（＞P107）

カレイの煮付け

失敗しがちな煮魚も、冷凍ストックなら驚くほど簡単に

🕐 仕込み 10分　|　🕐 調理 10分　|　❄ 解凍あり

材料　2人分

[仕込み]
カレイ（切り身）… 2切れ
生姜 … 1かけ
ねぎ（青い部分）… 1本分
塩 … 少々

A
砂糖 … 大さじ2
醤油麹 … 大さじ3
酒 … 100㎖
みりん … 50㎖

仕込み

1　下処理

カレイは洗って塩を振り、
少しおいたらキッチンペーパーで
水分を拭き取る
皮目に十字の切り込みを入れる

2　切る

生姜＞薄切り

3　下味をつける

カレイと生姜、ねぎ（青い部分）、
Aの調味料を
全て保存袋へ入れる
▶冷凍保存

| 日持ち ／ 約1カ月 |

調理

1　解凍する

カレイは前日夜に冷蔵庫へ移し
解凍する

2　煮る

フライパンへ移し、
落とし蓋をして10分程煮る

> 冷凍のまま煮る場合
> フライパンへカレイを汁ごと
> 移し水50㎖を入れる
> 蓋をして15分ほど弱めの中火
> で煮たら蓋を外す
> 焦げないように注意しながら
> 落とし蓋をして水分が少し残る
> 程度まで煮詰める

おすすめの副菜は 🅕 のたけのこのきんぴら（＞P107）

| Saturday |

豚バラトマト煮込み

時間をかけて煮込まなくても美味しい

🕐 仕込み **5分** | 🕐 調理 **20分** | ❄ 解凍 あり

材料　2人分

[仕込み]
豚バラブロック肉 … 400g
玉ねぎ … 1/2玉
しめじ … 1/2株
ひよこ豆（水煮）… 1袋（50g）
塩麹（下味用）… 大さじ1

∨

[調理]
にんにく … 1かけ

オリーブオイル … 大さじ1

A
　コンソメ（顆粒）… 小さじ1/2
　トマトピューレ … 150g
　塩麹（味付け用）… 大さじ1

おすすめの副菜はサラダ（＞P40）

仕込み

1　切る

玉ねぎ＞くし切り
しめじ＞石づきをとり
ほぐす
▶保存袋に入れ冷凍保存
豚バラブロック肉＞厚さ1cm

2　下味をつける

豚バラブロック肉に塩麹をつける
▶保存袋に入れ冷凍保存

| 日持ち ／ 約1カ月 |

調理

1　解凍する

豚バラブロック肉は前日夜に
冷蔵庫へ移し解凍する
（野菜は冷凍のまま）

2　焼く

豚バラ肉の表面を
少し焦げ目がつく程度に焼く
脂が多ければ少し拭き取り、
つぶしたにんにく、オリーブオイ
ルを入れ香りが出るまで炒める
↓
野菜を入れて炒める

3　煮る

野菜がしんなりしてきたら
Aの調味料と水50mℓを入れて
10分程煮込む

| Sunday |

ねぎ塩豚

ねぎたっぷり、パンチのあるソースで食べ応え抜群

🕐 仕込み **10分** ｜ 🕐 調理 **15分** ｜ ❄ 解凍 あり

材料　2人分

[仕込み]
豚ロース肉 … 2枚
ねぎ … 20㎝

A ｜ 鶏ガラスープの素 … 小さじ1
　｜ おろしにんにく … 小さじ1
　｜ ごま油 … 大さじ1
　｜ 塩麹 … 大さじ1

⌄

[調理]
酒 … 大さじ1

仕込み

1　切る

豚ロース肉＞筋の部分に
切り込みを入れる
ねぎ＞みじん切り

2　下味をつける

豚ロース肉とねぎ、
Aの調味料を全て保存袋に
入れる
▶冷凍保存

｜ 日持ち ／ 約1カ月 ｜

調理

1　解凍する

豚ロース肉は前日夜に
冷蔵庫へ移し解凍する

2　焼く

フライパンに油（分量外）をひき、
豚ロース肉を調味料液ごと焼く
↓
焼き目がついてきたら
裏返して酒を入れ、蓋をして
蒸し焼きにする

おすすめの副菜は **G** のなすのお好み焼き（＞P107）

105

2 週間ストックレシピ
2ターン目におすすめの副菜

Ⓐ かぼちゃサラダ　　クリームチーズがアクセント

材料　3〜4人分

かぼちゃ … ¼個
玉ねぎ … ½玉
ベーコン … 90g
クリームチーズ … 50g
マヨネーズ … 大さじ1と½
塩・こしょう … 少々
コンソメ（顆粒） … 小さじ½

調理

1 薄切りにした玉ねぎ、小さめに切ったベーコンをフライパンでしんなりするまで炒める
2 乱切りにし皮をむいたかぼちゃを電子レンジで加熱する（600W 5〜6分）
3 1と2、塩・こしょう、コンソメ（顆粒）を混ぜ合わせ、冷めたら残りの材料も全て混ぜ合わせる

Ⓑ 大根サラダ　　大葉が決め手のさっぱり副菜

材料　3〜4人分

大根 … ¼本
大葉 … 10枚
塩 … ひとつまみ
醤油麹 … 大さじ1
だしパック … 1袋

調理

1 大根はスライサーで千切りにし、塩揉みをして出てきた水分を固く絞る
　青じそは千切りにする
2 だしパックは袋を破る
　全ての材料をボウルに入れ混ぜ合わせる

Ⓒ きゅうり塩昆布　　定番の副菜のアレンジ法

材料　3〜4人分

きゅうり … 3本
塩昆布 … 大さじ1
食べるラー油 … お好みで

調理

1 きゅうりは叩いて保存袋へ入れ塩昆布と和える
2 1日目はそのまま、2日目は食べるラー油を追加し味変する

人参と豆もやしのナムル　韓国海苔で旨みをプラス

D

材料　3〜4人分

人参 … ½本
豆もやし … ½袋
韓国海苔 … お好みで
塩 … 小さじ½
ごま油 … 適量
白ごま … お好みで

調理

1 お湯を沸かして千切りにした人参と豆もやしを茹で水を切ってボウルへ移す
2 お好みでちぎった韓国海苔を1へ入れ、残りの全ての材料も入れて和える

マカロニサラダ　定番おかずを我が家流に

E

材料　3〜4人分

マカロニ（早茹で）… 70g
オリーブ … 5粒
ツナ缶 … 1缶
マヨネーズ … 大さじ2
ハーブソルト … 少々

調理

1 マカロニはたっぷりのお湯で茹で、ざるにあげる
2 オリーブは輪切り、ツナ缶のオイルは捨て、全ての材料を混ぜ合わせる

たけのこのきんぴら　わかめがポイント

F

材料　4人分

たけのこ（水煮）… ½本
人参 … ½本
乾燥わかめ … 2つまみ
A
　だしパック … 1袋
　醤油麹 … 大さじと1½
　みりん … 大さじ3
　鰹節 … 小分けパック1袋（3g）
　白ごま … 適量
ごま油 … 適量

調理

1 フライパンにごま油をひいて、短冊切りにしたたけのこと、千切りにした人参を炒める
2 1に水で戻した乾燥わかめとAの材料を入れ炒め、仕上げにごま油をまわしかける

なすのお好み焼き　手軽にヘルシーお好み焼き

G

材料　2人分

なす…1本
A
　お好みソース … 適量
　マヨネーズ … 適量
　鰹節 … 小分けパック1袋（3g）
　青海苔 … 適量

調理

1 フライパンへ多めの油（分量外）をひいて、厚めの輪切にしたなすをこんがり両面焼く
2 1を皿に並べて、Aを好きなだけかける

塩豚

材料　2人分

[仕込み]

A
| 豚肩ロース
ブロック肉
… 500g
ねぎ（青い部分）
… 1本分
生姜 … ひとかけ
塩麹 … 大さじ2

∨

[調理]
お好みの薬味
… 好きなだけ
食べるラー油
… 適量

仕込み

1　切る　生姜>薄切り

2　下味をつける

Aの材料を全て保存袋に入れなじませる

▶冷凍保存　｜日持ち ／ 約1カ月｜

調理

1　解凍する

前日夜に冷蔵庫へ移し、解凍する

2　茹でる

たっぷりの水をはった鍋に1を入れ、
沸騰したら表面がコトコトする
火加減で45分茹でる

3　冷ます

火を止めたら蓋をしてそのまま冷ます
（お湯は捨てない）冷めたら切り分け、
お好みの薬味と食べるラー油を
添えて盛り付ける

材料　2人分

[仕込み]

鶏もも肉 … 2枚
おろしにんにく
… 小さじ1/2
塩麹 … 大さじ2

∨

[調理]
ゆで卵 … お好みで
片栗粉 … 適量

A
| ねぎ（白い部分）
… 1/2本
青じそ … 10枚
砂糖
… 大さじ1と1/2
酢 … 大さじ3
醤油 … 大さじ3
ごま油 … 適量

仕込み

1　下味をつける

保存袋へ鶏もも肉を移し、塩麹と
おろしにんにくを入れなじませる

▶冷凍保存　｜日持ち ／ 約1カ月｜

調理

1　解凍する

前日夜に冷蔵庫へ移し、解凍する

2　焼く

鶏もも肉に片栗粉をまぶし、
フライパンへ押し付けながら
両面をカリッと焼く
食べやすい大きさに切り、
お好みで薄切りにしたゆで卵をのせる

3　味付け

Aを2のフライパンへ入れ、
ひと煮立ちさせたら2にかける

青じそ油淋鶏（ユーリンチー）

親子丼

材料　2人分

[仕込み]
鶏もも肉 … 1枚
玉ねぎ … ¼玉
めんつゆ … 250㎖

[調理]
ごはん … 2杯分
卵 … 2個

仕込み

1　切る
玉ねぎ＞薄切り
鶏もも肉＞ひと口サイズ

2　下味をつける
1とめんつゆを保存袋へ入れる
▶冷凍保存　｜日持ち ／ 約1カ月｜

調理

1　解凍する
前日夜に冷蔵庫へ移し、解凍する

2　煮る
フライパンへ1を入れ、
蓋をして鶏もも肉に火が通ったら
卵を入れてお好みの硬さまで煮る

蓮根の はさみ焼き

材料　2人分

[仕込み]
蓮根 … 10cm

A
｜鶏ミンチ … 200g
｜玉ねぎ … ½玉
｜椎茸 … 2本
｜おろし生姜 … 小さじ½
｜醤油麹 … 小さじ1
｜塩・こしょう … 少々

[調理]
米粉（小麦粉）… 適量

B
｜砂糖、味噌、みりん
｜　… 各大さじ1
｜醤油 … 大さじ½
酒 … 大さじ1

仕込み

1　切る
蓮根＞5㎜程度の輪切り
玉ねぎ、椎茸＞みじん切り

2　成形する
Aの材料を全てボウルに入れ
よくこね、蓮根で挟む
▶保存袋へ入れ冷凍保存
　｜日持ち ／ 約1カ月｜

調理

1　解凍する
前日夜に冷蔵庫へ移し、解凍する

2　焼く
1に米粉をまぶしフライパンで
両面焼く。焼き色がついたら
酒を入れ蒸し焼きにし、
火が通ったらBを入れ絡める

この本を見つけて、最後まで読んでくださりありがとうございます。

去年の春のこと、私と同じように共働きで家事、育児、スキルアップや趣味のための時間の確保など、頑張りすぎて疲れてしまっている人のヒントになるかもしれないと、冷凍ストックのレシピ発信をすることを決めました。

私自身、仕事や子育て、家事をしながらこの決断をするには覚悟も勇気も必要だったけれど、発信することでどこかの誰かに寄り添うことができたら。そんな想いから始まったSNSのレシピ発信も、今となっては私の生活の一部です。

お料理を通して沢山の方と繋がることができ、温かいお声をかけてくださる皆様のおかげで「出会ってよかったと思ってもらえる人になりたい。強く優しい人になりたい」と、生き方の目標や新たな夢もできました。

この本ができるまでに関わってくださった編集さん、ライターさん、スタイリストさん、カメラマンさん、スタッフの皆様。また、支えてくれた家族や親族、お友達。

そして何よりも、私を信じて応援してくださっているフォロワーの皆様。

本当に多くの人に恵まれて今の私があり、この本があります。

時短をしたかったお料理の時間が、今ではかけがえのないものへと変わりました。

皆様のお力添えがあったからこそ、たくさんのご縁や想いのもとにレシピ本という形で具現化できました。

表現しきれないほどの感謝と愛おしさでいっぱいです。

この想いをまたレシピにのせて、初心を忘れず、おごらず、私らしくお届けしていきます。

愛を込めて！

nao

nao

夫と息子と3人暮らし。2週間分の夕食を月に2回仕込んで家事に追われない暮らしをInstagramで発信している。好きなことに時間を割けないもどかしさから、いまのライフスタイルにいきつく。夕食作りで、献立を決めるところから買い出し、そして実際の調理まで毎日こなすことに疑問を感じ、2週間〜1週間に1回まとめて冷凍ストックを作る暮らし方を実践中。

Instagram @nao_stock.recipe

月2回しかつくりません
ストレスゼロのシンプルレシピ

2024年10月2日　初版発行

著者／nao
発行者／山下　直久
発行／株式会社KADOKAWA
〒102-8177　東京都千代田区富士見2-13-3
電話0570-002-301（ナビダイヤル）
印刷所／大日本印刷株式会社
製本所／大日本印刷株式会社

●お問い合わせ
https://www.kadokawa.co.p/（「お問い合わせ」へお進みください）
※内容によっては、お答えできない場合があります。
※サポートは日本国内のみとさせていただきます。
※Japanese text only

定価はカバーに表示してあります。